RAPPORT

FAIT À L'ACADÉMIE ROYALE

DES SCIENCES,

Relativement à l'avis que le Parlement a demandé à cette Académie, fur la conteftation qui s'eft élevée à Rochefort, au fujet de la taxe du Pain.

Extrait des Regiftres de la même Académie.

A PARIS,

DE L'IMPRIMERIE ROYALE.

M. DCCLXXXV.

RAPPORT

FAIT À L'ACADÉMIE,

Relativement à l'avis que le Parlement a demandé à cette Académie, par arrêt du 6 Septembre 1783.

Sur la contestation qui s'est élevée à Rochefort, au sujet de la taxe du Pain; sur les Expériences qui ont été faites dans cette Ville à ce même sujet, en exécution d'un arrêt du Parlement du 17 Juin 1781; & sur les moyens d'établir le prix juste du Pain, proportionnément à celui du Blé, suivant la quantité de Farines différentes qu'une quantité de livres de Blé peut rendre, & suivant la quantité de Pain que ces Farines doivent donner.

LE Parlement a fait l'honneur à l'Académie de lui demander son avis sur une contestation qui s'est élevée, au sujet de la taxe du pain, entre les Maire & Échevins de la ville de Rochefort, Lieutenans généraux de Police, & la communauté des Boulangers de la même Ville. L'Académie nous a chargés en conséquence d'entrer dans l'examen de cette contestation, aussi importante en elle-même que délicate par les circonstances qui l'ont accompagnée; de faire toutes les expériences qu'elle pourroit exiger, & de lui rendre compte des résultats auxquels nos observations nous auroient conduits.

Le Parlement ordonna, par un arrêt du 8 Janvier 1780, qu'un tarif fait en 1703 pour la taxe du pain à Rochefort, y auroit fon exécution ; les Maire & Échevins de cette Ville y formèrent oppofition ; ils demandèrent qu'une Ordonnance de Police rendue en 1709 , & peu favorable aux Boulangers, fût exécutée par préférence au tarif de 1703.

Les Boulangers croyant avoir autant lieu de fe plaindre de l'Ordonnance de 1709 , que les Maire & Échevins avoient d'oppofition pour le tarif de 1703 , demandèrent qu'il fût fait un effai, afin qu'on pût juger authentiquement du produit réel de leur travail, & prononcer en connoiffance de caufe fur les motifs de leurs réclamations ; cet effai fut accordé aux Boulangers par un Arrêt du 17 Juin 1781 , & le Parlement ordonna en même-temps aux Juges d'Angoulême de fe tranfporter à Rochefort pour y préfider à cette opération.

C'eft précifément cet effai dont le réfultat auroit dû devenir une bafe fixe pour affeoir la taxe du pain, un moyen décifif de rendre juftice au Peuple fans bleffer les intérêts des Boulangers, qui a excité des plaintes réitérées de la part de ceux-ci, qui a fait naître de vives difcuffions par écrit, que le Parlement n'a pas cru devoir homologuer, & fur le fonds duquel l'Académie fe trouve confultée aujourd'hui.

Qu'il nous foit permis avant que de rendre compte de notre travail, de faire ici une réflexion fur laquelle peut-être l'Académie nous a déjà prévenus.

On eft étonné au premier coup-d'œil, que dans ce moment-ci, où les Boulangers de plufieurs villes de Province font des repréfentations aux Magiftrats fur la taxe trop baffe du pain, & en trouvent naturellement les motifs dans une augmentation affez confidérable depuis un certain temps du prix de toutes les denrées, des frais de main-d'œuvre, & en général de tout ce qui fait un objet de dépenfe pour les Citoyens, on eft furpris que les Boulangers de Rochefort ne s'éloignent pas beaucoup d'adopter un tarif fait pour cette Ville en 1703 , & relatif à celui qui a été établi pour la Rochelle en 1700 , & que leurs plaintes tombent principalement fur une Ordonnance de Police qui s'eft écartée à leur préjudice de la teneur de ce tarif; il pouvoit être trop favorable aux Boulangers en 1703, mais en confidérant l'augmentation réelle du prix des denrées depuis quatre-vingts ans, n'a-t-on pas lieu de préfumer, avant tout examen en détail, que ce tarif porté d'abord trop haut, rentre aujourd'hui dans l'ordre d'une eftimation modérée, & ne s'éloigne prefque point de ceux qui ont été établis dans plufieurs villes de Province par des Magiftrats éclairés?

Inftruits, comme nous le fommes, des lumières qu'a l'Académie fur la mouture des grains, fur les produits en farines qu'il eft ordinaire d'en tirer, & fur la quantité de pain que fournit une quantité déterminée de blé. nous aurions pu fans doute, en y joignant les connoiffances que nous avons acquifes fur ce fujet, nous difpenfer de faire des expériences en grand, & nous borner au précis d'un travail que des Citoyens zélés ont déjà mis dans tout fon jour: mais nous avons fenti que ce feroit mieux répondre à la confiance dont le Parlement honore l'Académie, & à la commiffion dont elle nous a chargés, de faire des expériences plus étendues que celles qui ont été exécutées à Rochefort; de faire même marcher de pair la mouture économique avec la mouture à la groffe; & en rempliffant le vœu du Parlement par le détail de celle-ci qu'il a demandé d'une manière expreffe, de mettre encore fous fes yeux les réfultats d'une mouture mieux entendue en elle-même, & plus parfaite pour la diftinction des produits. Si par ces expériences faites affez en grand, & qui ont été fuivies avec toute l'attention qu'elles demandoient, nous ne parvenons pas à aplanir les difficultés qui fe font élevées à Rochefort, au moins viendront-elles à l'appui des bons principes fur la mouture, qui font établis aujourd'hui; elles montreront qu'il y a en ce genre un point de perfection auquel le tâtonnement a conduit, & que faififfent d'une manière affez conftante les Meuniers intelligens; qu'aller au-delà pour avoir un produit plus abondant, c'eft perdre un temps précieux, augmenter la dépenfe, altérer les derniers produits en farines & n'en obtenir que de mauvais pain.

Nous diviferons ce Rapport en trois Parties; la première contiendra tous les détails des opérations de meunerie qui ont été faites fous nos yeux, tant par la mouture économique que par la mouture à la grofle, fur vingt-quatre fetiers de blé, dont la moitié étoit de la meilleure qualité, & l'autre moitié d'une qualité médiocre.

Il fera queftion dans la deuxième Partie, des opérations de boulangerie appliquées également fous nos yeux à des quantités déterminées de farines de qualités différentes, & qui faifoient partie de celles que nous avions obtenues de la mouture de nos blés; on y verra les détails relatifs à la formation des levains, à la préparation de la pâte, à l'apprêt qu'on lui donne pendant qu'elle eft en maffe & après qu'elle a été fubdivifée, à la conduite affez délicate du four, & enfin à la quantité de pain, de formes & de qualités différentes, qu'ont rendue les farines que nous avons employées.

Nous expoferons dans la troifième les conféquences qui nous auront paru naître des expériences dont nous aurons rendu compte dans les deux premières Parties : nous rapprocherons de l'effai fait à Rochefort, fur lequel l'Académie eft confultée, le réfultat de nos opérations : après avoir établi la valeur du pain proportionnément à celle du blé & des farines, en y joignant un prix fixe pour les frais de main-d'œuvre, nous propoferons un moyen d'aplanir les difficultés qui fe font élevées à Rochefort, celui d'y mettre en vigueur, pour la taxe du pain, un tarif ancien rédigé pour le pays d'Aunis, & de l'y établir à l'avantage du Public, avec les changemens qui font autant indiqués par nos propres expériences que par les opérations ordinaires des boulangers inftruits.

Dans l'obligation où nous fommes de donner à ce Rapport une affez grande étendue, afin qu'il conduife, s'il eft poffible, à quelque utilité générale pour le fond des opérations, ou au moins à une connoiffance exacte de celles qu'on fait communément à Paris, nous ne nous diffimulons point qu'un

grand

(5)

grand nombre de faits répandus dans ce Mémoire, des calculs multipliés, beaucoup de réfultats d'un ordre différent, & plufieurs obfervations qui s'y trouvent jointes, demanderont une attention fuivie, & pourront même échapper en partie à l'application qu'on leur donnera. Nous avons donc cru devoir terminer ce rapport par un réfumé qui en contiendra toute la fubftance, qui offrira des réponfes directes aux queftions que le Parlement a propofées à l'Académie, & dans lequel ces réponfes, déduites du fond de notre travail avec la précifion dont il eft fufceptible, pourront préparer la voie à une décifion fur l'objet important qui l'a occafionné,

PREMIÈRE PARTIE.

Dès le moment où l'Académie nous eut chargés de l'examen de l'affaire délicate de Rochefort, & où nous eumes réfléchi fur les fuites, à l'égard de la taxe du pain en général, que nos obfervations pouvoient avoir, nous fentimes combien il étoit important, pour l'expérience que nous avions projetée, d'être entièrement libres dans le moulin où nous l'exécuterions, d'y être aidés dans notre travail par des perfonnes auxquelles nous euffions une entière confiance, & de pouvoir y fuivre fans interruption la mouture complète des grains.

Les moulins de Corbeil qui appartiennent à l'Hôpital général de Paris, & d'où fortent les quantités immenfes de farines que confomment les maifons dépendantes de cet hôpital, nous parurent les plus propres à remplir notre objet, tant pour y obtenir la meilleure mouture que nous pouvions efpérer, que pour y avoir toutes les facilités néceffaires, & une tranquillité dont nous n'aurions joui que difficilement dans un moulin particulier. M.rs Cochin & Bofcheron, Adminiftrateurs des Hôpitaux, & qui font chargés fpécialement de la partie des grains, fe prêtèrent avec plaifir à la propofition que nous leur fimes d'employer pour notre expérience leurs moulins de Corbeil : le Bureau d'Adminiftration auquel ils en firent part, l'agréa fur le champ avec

B

tout le zèle qui lui eft propre ; il favorifoit une opération
que le rapprochement des deux fortes de mouture fur le
même grain rendoit intéreffante pour les hôpitaux , & qui
d'ailleurs avoit trait au bien public.

Avec ces facilités pour faire auffi exactement qu'il nous
feroit poffible les expériences que nous avions déterminées ,
nous nous rendimes à Corbeil le 25 Septembre 1783.
M. Bofcheron très - inftruit fur la mouture des grains ,
M.rs d'Arcet & Legendre, Membres de l'Académie , fe joi-
gnirent à nous pour toute la fuite de cette opération , & y
furent témoins affidus des réfultats différens & affez nombreux
qu'elle nous fournit. M. de Malaizieux, Auditeur des Comptes
& Adminiftrateur des Hôpitaux, fe rendit auffi à Corbeil
pendant le féjour que nous y fimes, & y fut témoin également des produits de notre travail : deux habiles Meuniers,
& dignes d'une entière confiance, le fieur Roland attaché
aux moulins des hôpitaux, & le fieur Hallé établi à Effonne ,
fe chargèrent avec plaifir de la conduite des trois moulins
que nous employames en même temps , & ne laiffèrent aux
ouvriers en fous-ordre que ce qu'il y avoit de plus pénible
dans le travail.

Notre premier foin en arrivant à Corbeil, fut de choifir
les grains qui devoient faire la matière de notre expérience ; on
nous avoit prévenus que nous en trouverions à Effonne de
différentes qualités ; nous y allames, & ce fut chez le fieur
Hallé même que nous eumes le choix des deux fortes de
blé dont nous avions befoin : après avoir fait enlever de
chez lui & tranfporter à Corbeil une quantité plus forte
que celle qui nous étoit néceffaire, tant en grains de la première
qualité qui étoit de 1781 , & qui avoit été tiré de Provins,
qu'en grains de 1782 d'une qualité médiocre , & tiré de
la Brie, nous les fimes cribler féparément ; on en mefura
enfuite fous nos yeux douze fetiers de l'une & de l'autre
fortes, & les vingt-quatre facs de grains bien diftincts pour
leur qualité , furent pefés féparément : le poids cumulé des
douze fetiers du plus beau grain, fe trouva de deux mille

neuf cents quatre livres, déduction faite du poids des facs ;
c'est-à-dire, que chacun des douze fetiers, mefure de Paris,
pefoit, l'un dans l'autre, deux cents quarante-deux livres, ce
qui annonce du froment d'une bonne qualité, bien nourri,
& que les infectes n'ont point attaqué : le poids cumulé,
auffi des douze fetiers de froment médiocre, n'étoit que
de deux mille fept cents cinquante-une livres huit onces,
déduction faite également des facs, c'est-à-dire, que chaque
fetier de ce blé inférieur ne pefoit, l'un dans l'autre, que
deux cents vingt-neuf livres quatre onces cinq gros vingt-
quatre grains, & avertiffoit par-là, comme nous en avions
jugé par le coup-d'œil, de la qualité médiocre dont il étoit.

Les deux mille neuf cents quatre livres de froment de la
première qualité, qui compofoient douze fetiers, furent
partagées en deux parties égales, du poids chacune de
quatorze cents cinquante-deux livres, & furent deftinées l'une
à être foumife à la mouture économique, & l'autre à la
mouture à la groffe.

Les douze autres fetiers en blé médiocre, pefant enfemble
deux mille fept cents cinquante-une livres huit onces, furent
divifés auffi en deux parties égales, ayant chacune le poids
jufte de treize cents foixante-quinze livres douze onces ;
& fix de ces fetiers de froment inférieur furent deftinés
également à la mouture économique, pendant que nous
réfervames les fix autres pour la mouture à la groffe.

Des trois moulins que nous employames pour notre expérience, deux furent confacrés uniquement à la mouture
économique, comme exigeant le double du temps ou environ
que demande l'autre mouture ; & le troifième moulin fervit
feul pour celle-ci : la totalité des grains dont nous venions
de conftater le poids, fut tranfportée en ordre dans l'étage
du bâtiment de Corbeil, qui eft immédiatement au-deffus
des moulins.

Les douze fetiers de blé repréfentés par autant de facs,
& qui avoient été deftinés à la mouture économique, avec
des marques diftinctives qui annonçoient la qualité des

grains, furent placés au-deſſus des deux moulins où ils devoient être convertis en farine, mais de manière que ſix de ces ſacs, qui contenoient le froment de la première qualité, étoient placés à côté de l'ouverture pratiquée au plancher, laquelle communiquoit à la trémie dépendante du premier des deux moulins où la mouture économique devoit être employée; & les ſix autres ſacs en blé inférieur, répondoient à la trémie du ſecond moulin où cette même mouture devoit avoir lieu.

Nous primes les mêmes précautions à l'égard des douze autres ſetiers, tant du plus beau froment, que de celui qui étoit d'une qualité inférieure, en les plaçant au-deſſus du troiſième moulin qui étoit un peu éloigné des deux autres, & où la mouture à la groſſe devoit être employée: nous établimes une ſéparation bien marquée entre les ſix ſacs de beau froment par leſquels l'opération devoit y commencer, & les ſix autres ſacs de blé médiocre par leſquels elle devoit s'y terminer.

Cet ordre une fois établi dans la diſtribution des grains qui étoient la matière de notre expérience, & qu'il falloit garantir de la moindre confuſion, nous nous occupames du ſoin de viſiter les moulins, & de n'y rien laiſſer qui pût augmenter nos produits; nous cédames cependant dans cette circonſtance, au conſeil que nous donnèrent les deux meuniers intelligens qui nous guidoient; ils nous déterminèrent à ne pas dégarnir le fond des archures du peu de farine qui s'y raſſemble lorſque les meules broient les grains, & qui s'y maintient toujours en petite quantité aſſez égale dans l'opération de la mouture: on ſait que ces archures ſont un bâtis en bois, de forme circulaire, & compoſé de pluſieurs pièces qui ſont maintenues enſemble par des crochets; ces archures portent ſur la meule giſſante, & ſervent à retenir la farine à meſure qu'elle ſe forme, à ne lui laiſſer d'autre iſſue que celle de l'anche d'où elle tombe dans la bluterie, & de-là dans le dodinage quand il eſt employé : c'eſt au fond du petit eſpace qui ſe trouve entre les côtés de la meule tournante & les parois intérieures des archures, que féjourne une petite portion de farine; raffemblée une fois dans cet endroit, elle s'y maintient, & en même temps qu'elle ne reçoit aucune augmentation fenfible par les moutures réitérées, elle paroît n'éprouver aucune diminution dont il faille s'occuper; au moins eft-il certain qu'à la fin de notre expérience les archures parurent à peu-près garnies comme elles l'étoient avant qu'on la commençât; & d'ailleurs, fur 4178 livres de farine qu'elle nous fournit, quelques onces ou même une livre de plus ou de moins n'étoit d'aucune conféquence pour les produits différens que nous tirames de la mouture de nos blés.

Les mêmes meuniers jugèrent encore qu'il étoit convenable de faire paffer dans l'œillard de la meule tournante, fept à huit livres de recoupettes ou menu fon, avant d'y faire tomber le grain; afin que les meules euffent quelque aliment entr'elles dès que le moulin feroit en action, & pour que la première portion de nos blés, réduite en farine, fuccédât fans interruption à ces recoupettes, fauf à laiffer dans l'œillard, en terminant l'expérience, une quantité pareille de notre menu fon.

Après tous ces préparatifs, dont il convenoit que nous fiffions un expofé fidèle, & qui devenoient néceffaires par la nature même de notre expérience, dans laquelle nous avions un double objet; il ne nous reftoit plus qu'à nous rendre attentifs à la mouture des grains, fuivant l'ordre que nous avions établi, & à être de fimples témoins de l'intelligence des deux meuniers auxquels nous avions confié la conduite des moulins: ils furent mis en action tous les trois en même temps; le premier, comme nous l'avons dit, étoit difpofé pour la mouture économique, & reçut le grain de la première qualité; le fecond, préparé également pour cette même mouture, fut employé pour le blé inférieur; l'un & l'autre avoient d'abord un bluteau propre à donner la fleur de farine, & duquel s'échappoient les fons gras pour tomber dans un dodinage à travers duquel paffoient d'abord les gruaux blancs & enfuite les gruaux bis: à mefure qu'on tiroit de la huche les premiers produits de l'un & de l'autre moulins, on les mettoit dans des facs, vis-à-vis du moulin qui les avoit fournis, & dans l'ordre même des produits: les gruaux repaffés fous la meule à quatre reprifes, & blutés autant de fois, étoient mis également dans des facs, & prenoient, en face du moulin, le rang fuivant lequel ils avoient été blutés; par-là, en voyant à la tête des facs la fleur de farine, on diftinguoit par ordre le premier, le fecond, le troifième & le quatrième produit de la mouture réitérée des gruaux; à leur fuite venoient auffi par ordre les iffues forties de chaque moulin, c'eft-à-dire le remoulage de gruau, le remoulage bis, les recoupes & le gros fon.

Le précis que nous donnons, mais auquel nous aurons lieu de revenir, fur les différens produits que nous tirames par la mouture économique des fix fetiers de froment de la première qualité, ce détail fuccinct doit être appliqué aux réfultats que nous fournit la mouture pareille des fix fetiers de blé médiocre; & comme le procédé fut le même dans les deux moulins, le même ordre régna dans les cinq produits en farine & dans les iffues qui en furent féparées.

L'opération qui fe fit au troifième moulin, où l'on employa la mouture à la groffe, n'offrit aucun des produits diftincts qui viennent d'être expofés; il n'étoit queftion en effet que d'y broyer fimplement les grains, & de faire paffer dans des facs la farine confondue avec les gruaux & le fon: on commença donc par moudre les fix fetiers de froment de la première qualité, & enfuite les fix autres fetiers d'une qualité inférieure: les facs qui contenoient la farine brute de l'une & l'autre fortes de grain, furent tranfportés & diftingués avec foin, fuivant la qualité du blé duquel cette farine brute provenoit, dans l'endroit indépendant du moulin où elle devoit être blutée fuivant l'ufage, & partagée en différens produits, fans qu'aucun d'eux paffât de nouveau fous les meules. Comme la mouture économique eft la feule dont on faffe ufage dans les moulins de l'hôpital, nous n'y trouvames point de bluterie montée pour la mouture à la groffe : prévenus de bonne heure que nous n'y aurions pas cet avantage, & defirant néanmoins que notre expérience fût confommée à Corbeil, nous y envoyames, avant notre départ de Paris, le fieur *Sédaine*, ouvrier formé à ce genre de travail, & pourvu de tout ce qui étoit néceffaire pour l'exécuter.

Le fieur Leroux, boulanger très-inftruit, & qui a toute la confiance de l'Adminiftration des hôpitaux, pour la partie des grains, accompagna cet ouvrier : deux grands bluteaux, bien partagés pour le degré de fineffe des foies, fe trouvèrent établis à Corbeil avant que nous y arrivaffions ; ce fut à la faveur de ces deux inftrumens bien difpofés pour leur effet, & qui devoient donner chacun des produits différens, que nous nous préparames à établir une féparation dans nos farines brutes, & à obtenir les réfultats ordinaires de la mouture à la groffe : le fieur Leroux voulut bien fe charger de la conduite des bluteaux, dont l'ufage lui eft familier, & qui demandent une certaine attention pour que dans le mouvement qu'on leur imprime, la farine plus ou moins atténuée paffe à travers les foies du bluteau qui lui font le mieux appropriées.

Les détails relatifs à la mouture à la groffe étant principalement ceux que le Parlement demande, & la bluterie féparée du moulin, par le moyen de laquelle nous avons partagé la farine brute en différens produits, faifant partie effentielle de l'opération dont il s'agit ici, nous avons cru devoir entrer dans quelque explication fur l'ordre qui a régné dans cette bluterie, & fur la manière la plus avantageufe dont on y a tiré parti de la farine brute des deux fortes de grains.

Nous avons employé pour cet effet deux bluteaux renfermés chacun dans une efpèce de coffre alongé, ouvert fur un des côtés, lequel étoit recouvert avec foin par une toile lorfque le travail avoit lieu ; ce coffre étoit partagé fur fa longueur en deux parties, dont la première avoit trois fois l'étendue de la dernière, comme devant recevoir le produit le plus abondant.

Le premier bluteau, nommé *bluteau à blanc*, étoit compofé de huit laizes de foie, dont les fix premières plus fines que les deux autres, fe trouvoient au-deffus de la cafe la plus longue d'un des coffres dont nous venons de parler, & y laiffoient tomber la fleur de farine; tandis que les deux autres laizes, placées au-deffus de la cafe la plus courte, donnoient paffage à la farine moins légère, nommée *bis-blanc : les fons gras*, c'eft-à-dire chargés de gruaux, fortoient par la grande ouverture de ce bluteau, & recueillis enfuite, ils étoient portés au fecond, nommé *bluteau à fons gras*.

Celui-ci étoit compofé auffi de huit laizes, dont les quatre premières étoient de foie, il eft vrai, comme les précédentes, mais elles étoient plus claires que celles de l'autre bluteau, & par-là hors d'état de retenir les gruaux blancs : quant aux deux laizes fuivantes elles étoient formées de quintin, efpèce de toile de fil gommé, moins ferrée que le tiffu des quatre premières laizes, & propre à laiffer échapper les gruaux bis; on n'avoit employé pour les deux dernières laizes qu'une toile affez groffière, nommée *rifflard*, & deftinée à donner paffage, tant aux recoupes qu'aux recoupettes; & enfin le gros fon fortoit par la grande ouverture de ce fecond bluteau.

Dans le deffein de retirer la plus grande quantité de fleur de farine qu'il feroit poffible d'obtenir des farines brutes, & d'en bien féparer les gruaux, on réunit, après les opérations fucceffives de la bluterie, le premier produit du fecond bluteau à fons gras avec le fecond produit, nommé *bis blanc*, du premier bluteau, & on les fit repaffer mêlés enfemble dans ce même premier bluteau, qui rendit encore de la fleur de farine dans la cafe la plus longue du coffre, & du bis blanc dans la cafe la plus courte; ce qui fortit par la grande ouverture de ce premier bluteau fut reporté dans le fecond qui reftitua d'abord du bis blanc, enfuite des farines bifes fur celles qui étoient reftées dans le coffre de ce fecond bluteau, &

enfin

enfin du menu fon au-deffus de celui qu'on y avoit laiffé également.

Aufli a-t-on peut-être déjà remarqué avec quelque furprife, en jetant les yeux fur les tableaux de tous les produits que nous avons obtenus, qu'ils ont été plus forts en fleur de farine dans la mouture à la groffe que dans la mouture économique; en voici la raifon: la portion de cette fleur de farine qui avoit échappé d'abord aux fix premières laizes du bluteau à blanc, qui étoit tombée en partie fur le bis-blanc qu'on a repris, qui avoit fuivi en partie les fons gras, & s'étoit mêlée avec les premiers produits du fecond bluteau; cette même portion de fleur de farine a paffé enfin à travers les fix premières laizes du bluteau à blanc, lorfqu'on y a fait repaffer confufément & le bis-blanc dont nous venons de parler, & les premiers produits du fecond bluteau.

Toutes les opérations de bluterie que nous venons de détailler, & qu'avoit exigées la mouture à la groffe pour que nous en tiraffions tout l'avantage qu'il étoit poffible d'en efpérer, ont été appliquées fucceffivement aux farines brutes des deux fortes de blé, & conduites dans le même ordre qu'on a déjà vu; de manière qu'après avoir commencé par les farines des grains de 1781, on ne s'eft occupé de celles du blé de 1782 que lorfqu'on a eu recueilli les produits donnés par les premières, & vidé avec foin tant les deux coffres que les bluteaux.

L'opération commença par la farine brute que nous avions obtenue des fix fetiers de froment de la première qualité, & fut continuée fans interruption: de la totalité de cette farine brute nous tirames d'abord trois produits diftincts, qui étoient 1.° la fleur de farine; 2.° la farine de la féconde qualité ou le bis blanc, le blanc bourgeois; 3.° la farine bife; & enfin il refta trois autres produits en iffues, c'eft-à-dire, le gros fon, les recoupes & les recoupettes.

Dans l'opération pareille de la bluterie fur la farine brute des fix fetiers de blé médiocre, nous eumes les mêmes réfultats, quant à la diftinction feulement des farines en trois qualités différentes & à la féparation des iffues, dans l'ordre que nous venons d'expofer.

Les produits de toutes les farines brutes furent mis chacun dans des facs, avec une diftinction pour leur qualité, & une marque relative, foit aux fix fetiers du blé le plus beau, foit aux fix autres de blé médiocre; & nous n'eumes plus qu'à conftater le poids, tant des farines que des iffues que les deux fortes de mouture nous avoient données.

Le même ordre que nous avions obfervé pour les produits différens que nous avions obtenus des deux fortes de mouture, nous le fuivimes dans la pefée de ces mêmes produits.

On peut fe rappeler que les fix fetiers de froment de la première qualité, qui furent foumis à la mouture économique, pefoient enfemble, & déduction faite des facs 1452 livres ; nous tirames de cette quantité de grains, déduction faite également du poids des facs,

	Livres.	Onces.
En fleur de farine	583.	*u*
En première farine de gruau	286.	8.
En deuxième farine de gruau	122.	8.
En troifième	57.	*u*
En quatrième	47.	*u*
	1096.	*u*

Le poids des iffues ayant été conftaté enfuite, celui du remoulage de gruau fut de . . . . 43. *i*
Du remoulage bis fut de . . . . 94. 0.
Les recoupes pesèrent . . . . 119. *u*
Et le gros fon fe trouva du poids de. 68. *i*

324. 8.

Les déchets fe trouvèrent de . . . . 31. 8.

1452. *u*.

(15)

On voit d'après ce Tableau, qu'un fetier de froment d'une bonne qualité , à la mesure de Paris , & pesant 242 livres, a donné en farines différentes, par la mouture économique.. . . . . 182. 10⅔.

Que les issues ont été de. . . . . 54. 1⅓.

Et qu'il y a eu en déchet. . . . . 5. 4.

242. //

Les six fetiers de froment d'une qualité inférieure , qui furent soumis également à la mouture économique, pesoient ensemble , déduction faite du poids des facs , 1375 livres 12 onces, ils nous donnèrent en fleur de farine. . . . . 454. //

En farine de premier gruau. . . . . 280. //

En farine de second gruau. . . . . 151. 8.

En farine de troisième. . . . . 64. //

Et enfin , en produit de quatrième gruau. . . . . 64. 8.

1014. //

Le poids des issues fut pour le remoulage de gruau, de. . . . . 44. //

Pour le remoulage bis de . . . . 196. 8.

Pour les recoupes de. . . . . 65. 8.

Et pour le gros son de. . . . . 106. //

322. //

Les déchets furent par conséquent de. . . . . . . 39. 12.

1375. 12.

Le fetier de ce froment , d'une qualité médiocre , & du poids feulement de 229 livres 4 onces⅔, ne donna donc en farines différentes que. . . . . 169. //

Le poids des issues fut de. . . . . 53. 10⅔.

Et celui du déchet de. . . . . 6. 10.

229. 4⅔.

Que d'après ce premier exposé, on rapproche les produits du fetier de froment de la première qualité , & recueilli en

1781 , des produits de l'autre fetier de froment d'une qualité inférieure & récolté en 1782 , & qu'on faffe la comparaifon de leur poids , on remarquera d'abord que fi le fetier de blé de 1781 , pefoit 12 livres 11 onces $\frac{1}{3}$ de plus que celui de 1782, il a fourni auffi une plus grande quantité de farine que ce dernier, par une fuite de fa plus grande pefanteur & de la meilleure qualité ; il a donné en effet 182 livres 10 onces $\frac{2}{3}$ de farine , pendant que le fetier de blé de 1782 , n'en a donné que 169. La différence, comme on voit , eft de 13 livres 10 onces $\frac{2}{3}$ à l'avantage du froment de 1781 , & cet excédant en farine ne fauroit être confidéré comme foulfrait à la partie des iffues du fetier de froment de 1781 , puifqu'elle eft du poids de 54 livres 1 once $\frac{1}{3}$, & que cette quantité de gros & menu fon , eft celle que retirent en général les Meuniers , par la mouture économique , d'un fetier ordinaire de froment ; on a vu d'ailleurs dans le détail précédent, que le fetier de blé de 1782 a donné 53 livres 10 onces $\frac{2}{3}$ d'iffues, quoiqu'il n'ait produit que 169 livres de farine ; c'eft-à-dire, comme nous venons de le faire obferver , 13 livres 10 onces $\frac{2}{3}$ de moins qu'on n'en a obtenu du fetier de blé de 1781. Il eft donc à préfumer que l'opération de la mouture économique appliquée ici à des grains de qualité affez inégale, a été bien conduite , puifque les réfultats en farines paroiffent ne varier qu'à raifon du poids des grains , & que l'excédant en farines qui fe trouve fur les fix fetiers de froment de la première qualité , fe rapproche beaucoup de l'excédant de poids de ces fix fetiers en nature fur les fix autres de blé médiocre.

Qu'il nous foit permis de faire ici une obfervation qui tient à ce que nous venons de dire, & qui tiendra également au détail fur les produits de la mouture à la groffe que nous allons bientôt expofer.

On a remarqué fans doute que l'excédant en poids des fix fetiers de 1781 fur ceux de 1782 , n'étoit que de 76 livres 4 onces , pendant que l'excédant en farines alloit jufqu'à 82 livres , & on en a conclu avec raifon que cette dernière quantité de farines ne peut pas réfulter d'une moindre quantité de grains , puifqu'on ne retire ordinairement en farines différentes, par la mouture économique, que les trois quarts du blé qu'on a fait moudre , & qu'alors les 76 livres 4 onces d'excédant de poids du froment de 1781, n'auroient dû donner tout au plus fur ce pied-là , en excédant de farines, que 57 livres 3 onces.

Mais il eft effentiel d'obferver que fi l'on peut attendre pour l'ordinaire, à la faveur de la mouture économique, les trois quarts en farines , & même un peu au-delà, comme on l'a vu, d'une certaine quantité de froment d'une qualité fupérieure & d'un poids déterminé, de 200 livres, par exemple, on ne doit pas efpérer un produit auffi avantageux d'une quantité pareille de 200 livres de blé médiocre & peu nourri. On fent en effet que la pefanteur du grain réfultant & de la farine qu'il contient & de fon écorce, le poids de celle-ci eft toujours à-peu près le même dans le blé médiocre que dans celui qui eft d'une qualité fupérieure; outre qu'il doit y avoir un plus grand nombre de grains en nature , & conféquemment plus d'écorce dans les 200 livres de blé médiocre que dans les 200 livres de celui qui eft d'une bonne qualité & bien nourri ; ainfi, loin que dans notre expérience les 1375 livres 12 onces de blé inférieur aient rendu autant de farine proportionnément que les 1452 livres de blé fupérieur, elles n'ont pas même donné les $\frac{3}{4}$ de leur poids en farines différentes ; il auroit fallu qu'au lieu de 1014 livres de farine qu'on a tirées de ces 1375 livres 12 onces de blé médiocre, on en eût obtenu 1038 livres 13 onces ou à-peu-près, pour que leur produit eût été proportionné à celui des 1452 livres de beau froment ; alors les farines de ces 1452 livres, comparées avec celles que les 1375 livres 12 onces ont rendues, n'auroient eu en excédant de poids que 57 livres 3 onces, qui font précifément le produit en farine des 76 livres 4 onces de grains en nature qu'ont les 1452 livres de beau froment au-delà du poids des 1375 livres 12 onces de froment inférieur.

Si, à l'appui de ce raifonnement, on jette les yeux fur les produits en iffues & fur les déchets relatifs, tant aux fix fetiers de 1781 qu'à ceux de 1782, on verra que le total du gros & menu fon & des déchets dépendans des 1452 livres de beau froment, ne s'eft trouvé que de 356 livres ; c'eft-à-dire, de 7 livres au-deffous du quart de ces 1452 livres ; tandis que la totalité tant des iffues que des déchets relatifs aux 1375 livres 12 onces de blé médiocre, eft de 361 livres 12 onces, c'eft-à-dire, de 17 livres 13 onces plus fort que le quart de ces mêmes 1375 livres 12 onces ; ce dernier excédant, tant en iffues qu'en déchets, particulier aux fix fetiers de 1782, étant réuni aux 7 livres en iffues & en déchets qu'ont éprouvé de moins les fix fetiers de 1781, forment un total de 24 livres 13 onces, qui eft exactement la quantité de plus en produit de différentes farines qu'auroient dû donner les fix fetiers de 1782, pour que ce produit fe trouvât proportionnel à celui du blé de 1781, pour qu'il fût de 1038 livres 13 onces, au lieu de 1014 livres, dont il a été feulement ; & ceci fait bien connoître que dans l'achat des blés on doit peut-être fe rendre plus attentif à la qualité des grains qu'au prix qui s'y trouve attaché, puifqu'on eft bien dédommagé de 20 ou 30 fous, que chaque fetier peut coûter de plus, par un produit plus fort en farine, par une plus grande quantité de meilleur pain, & un profit fupérieur au prix un peu plus haut, fur lequel on a eu la prudence de ne point héfiter.

Les produits de la mouture à la groffe avoient été féparés avec foin, comme on a vu, de ceux dont nous venons de rendre compte : les farines obtenues par cette mouture, & forties des grains de 1781, avoient été féparées également de celles que le blé de 1782 avoit données, & il régnoit d'ailleurs une diftinction exacte entr'elles pour la qualité des produits.

Nous commençames par établir le poids des farines que nous avions tirées des fix fetiers de froment de la première qualité, & qui, comme les six autres de la même forte, pefoient enfemble 1452 livres.

	Livres.	Onces.
Le poids de la farine de la première qualité, déduction faite de celui des facs, fe trouva de..........	701.	8.
Celui de la farine de la deuxième qualité, ou du bis-blanc, étoit de...........................	136.	8.
Et enfin, la farine bife ou de la troifième qualité pefoit...............................	233.	//
	1071.	//

Pour le produit des iffues, nous eumes en gros		
fon.......................... 117. //		
En recoupes.................. 99. //	364.	8.
Et en recoupettes.............. 148. 8.		
Les déchets ne fe trouvèrent que de........	16.	8.
	1452.	//

Il réfulte de ce Tableau, qu'un fetier de froment d'une bonne qualité, à la mefure de Paris, & pefant 242 livres a rendu, en farines différentes, à la mouture

à la groffe.............................	178.	8.
En iffues..............................	60.	12.
Et n'a éprouvé en déchet que.............,..	2.	12.
	242.	//

On fe rappelle que les fix fetiers de blé médiocre ne pefoient enfemble que 1375 livres 12 onces, nous en

obtinmes en farine de la première qualité..........	685.	//
En farine de la feconde ou en bis-blanc........	162.	//.
Et en farine bife........................	150.	//
	997.	//

Le poids des iffues fe trouva, pour le gros fon,		
de............................ 120. 8.		
Pour les recoupes de............ 122. 8.	356.	8.
Et pour les recoupettes de........ 113. 8.		
Les déchets furent de................	22.	4.
	1375.	12.

D'après les produits différens, établis dans ce dernier Tableau, on voit qu'un setier de froment d'une qualité médiocre & du poids, à la mesure de Paris, de 229 livres 4 onces $\frac{2}{3}$, a donné en farines différentes, à la mouture à la grosse..

En issues..

Et a perdu par le déchet..

	Livres.	Onces.
mouture à la grosse	166.	2 $\frac{2}{3}$.
En issues	59.	6 $\frac{2}{3}$.
Et a perdu par le déchet	3.	11 $\frac{1}{3}$.
	229.	4 $\frac{2}{3}$.

Si, en se réglant sur ce que nous avons fait pour les résultats de la mouture économique, on rapproche actuellement les produits par la mouture à la grosse, d'un des six setiers de froment de la première qualité, & de 1781, des produits d'un des six autres d'une qualité médiocre, & de 1782; & si on compare leur poids, on verra que le setier de blé de 1781 qui pesoit 12 livres 11 onces $\frac{1}{3}$ de plus que celui de 1782, a donné aussi plus de farine que ce dernier, comme étant d'une plus grande pesanteur spécifique dûe à la bonne qualité: nous en avons retiré en effet 178 livres 8 onces, tandis que le setier de blé de 1782 n'a rendu en farine que 166 livres 2 onces $\frac{2}{3}$, c'est-à-dire, 12 livres 5 onces $\frac{1}{3}$ de moins que le setier du beau froment de 1781. On ne sauroit regarder, & nous en avons déjà fait l'observation, ce surplus en farine fourni par le setier de blé de 1781, comme une soustraction faite aux issues de ce même setier, puisqu'elles sont en total du poids de 60 livres 12 onces; que leur quantité approche de celle qui sort communément d'un setier de grains par la mouture économique; que le poids de ces issues n'excède celui du gros & menu son du setier de blé de 1782, que de 1 livre 5 onces $\frac{1}{3}$, & que par conséquent les 12 livres 5 onces $\frac{1}{3}$ de farine dont nous venons de parler, sont réellement un produit de cette qualité qui est dû à un blé plus sain & mieux nourri: il paroît donc encore par ce résultat, que l'opération dont il s'agit ici a été conduite avec la sorte de précision dont la mouture à la grosse étoit susceptible; qu'il n'y a eu aucune

confusion

confufion dans les produits du travail fur l'une & l'autre
forte de grains, puifque l'excédant de poids, à mefure égale,
du blé de 1781, fur celui de 1782, s'eft annoncé par celui
des farines dans les deux fortes de mouture, puifqu'il n'a
laiffé aucun doute fur l'ordre que nous avions établi relativement à la diftinction des blés en nature, des produits
différens des trois moulins, & de ceux de la bluterie ifolée
que la mouture à la groffe exigeoit néceffairement.

Nous avons lieu ici de rappeler une obfervation que
nous avons déjà faite, & que nous avons annoncée comme
devant recevoir une nouvelle application.

Les 1452 livres de blé de 1781, ont donné par la
mouture à la groffe 1071 livres de farine, tandis qu'on
n'en a retiré que 997 livres des 1375 livres 12 onces de
blé de 1782; la différence d'entre les deux produits en
farine, eft de 74 livres: cependant l'excédant de poids
qu'ont les fix fetiers de blé de 1781 fur ceux de 1782,
n'eft que de 76 livres 4 onces, & on ne peut pas avoir
tiré 74 livres de farine de cet excédant en grains, qui n'a
que 2 livres 4 onces au-delà du poids de ces mêmes farines;
auffi n'entre-t-il réellement que 57 livres 3 onces de farine
dans les 1071 livres, pour les 76 livres 4 onces de blé;
il eft vrai qu'il faut ajouter la quantité précife de 16 livres
13 onces pour compléter les 74 livres de farine qu'ont de
plus les 1452 livres de blé de 1781, mais il eft néceffaire
de remarquer que dans la comparaifon des fix fetiers de
1781 avec ceux de 1782, les iffues & les déchets des uns
& des autres doivent être confidérés & faire partie du calcul.
Si dans cette opération de la mouture à la groffe, le gros,
le menu fon & les déchets toujours inévitables, n'euffent
formé, comme à l'ordinaire, que le quart de la quantité de
blé employée, le total de ces objets n'auroit été pour les
1452 livres du blé de 1781, que de 363 livres, au lieu
qu'il s'eft trouvé de 381 livres, c'eft-à-dire, de 18 livres
au-deffus du quart des fix fetiers de 1781; il n'auroit été
pour ceux de 1782 que de 348 livres 15 onces, au lieu

D

qu'il a monté jufqu'à 378 livres 12 onces, c'eft-à-dire,
à 34 livres 13 onces au-delà du quart; alors les fix fetiers
de 1781 doivent avoir dans la comparaifon un excédant
en farine de 16 livres 13 onces, qui eft précifément la
quantité dont il vient d'être queftion, pour compléter les
74 livres de farine qu'ont les fix fetiers de 1781 fur
ceux de 1782, & qui eft en même temps la quantité qui
refte des 34 livres 13 onces, après la fouftraction des 18
livres d'excédant au-delà du quart des iffues & des déchets
qui regardent les fix fetiers de blé de 1781.

Nous avons cru devoir aller au-devant d'une difficulté
qui pourroit d'abord fe préfenter, quand on feroit attention
au poids d'une certaine quantité de farine comme fupérieur
ou peu inférieur au moins à celui d'une certaine quantité
de blé de laquelle cette farine paroîtroit avoir été extraite;
les produits rapprochés frapperont au premier coup-d'œil,
& feront évanouir la difficulté : c'eft dans cette vue que
nous mettrons fous les yeux de l'Académie trois tableaux
relatifs à toutes les opérations que nous venons d'expofer.

Le premier offrira les produits diftincts de la mouture
économique fur l'une & l'autre forte de grains qui ont fait
la matière de notre expérience; le fecond préfentera également
les produits de la mouture à la groffe fur des quantités égales
des deux fortes de grains; & le troifième fera comme un
précis de ces deux différentes moutures, en offrant les produits
plus faciles à faifir, & tirés avec précifion d'un feul fetier
de froment d'après les produits que nous avons obtenus plus
en grand, & en donnant lieu encore de faire fur le champ
une comparaifon exacte du poids des deux fortes de grains,
de celui des farines qui en font réfultées, de la quantité des
iffues relative à chaque opération, & des déchets plus ou
moins confidérables qui en ont été la fuite.

Les perfonnes qui fe font occupées des produits en farine
de la mouture à la groffe, pour les comparer avec ceux de
la mouture économique, feront furprifes fans doute que
nous en ayons obtenu d'auffi avantageux de cette première

mouture, puifqu'ils fe rapprochent beaucoup de ceux qu'on tire communément de la dernière ; & il eft certain que dans un Mémoire lû à l'Académie en 1783, où l'on avoit pour objet un tarif propre à établir le prix du pain relativement à la valeur du blé & des farines, on a fuppofé avec affez de fondement que la mouture à la groffe, telle qu'on la pratique dans les provinces, n'étoit pas auffi favorable, à beaucoup près, que la mouture économique; mais l'avis demandé à l'Académie par le Parlement, devoit avoir fpé-cialement la mouture à la groffe pour objet ; elle avoit été employée à Rochefort dans l'effai qui a fait naître une contef-tation ; nous devions dès-lors nous y rendre très-attentifs, & chercher autant par efprit d'équité que par le defir de faire tomber, s'il étoit poffible, cette conteflation, à tirer de cette mouture tout l'avantage qu'elle peut procurer; nous n'avons donc rien négligé pour parvenir à ce but, & c'eft peut-être par l'attention que tant de motifs nous portoient à donner à cette mouture, que nous en avons obtenu des produits un peu plus avantageux que nous ne les efpérions.

Mais il eft important de remarquer qu'il ne s'agit pas uni-quement dans la mouture des grains, de tendre au plus grand produit fous un point de vue général, & fans aucun égard à la qualité des farines, puifqu'on peut par un travail fi mal entendu moudre prefque la totalité des grains & confondre les farines avec le fon atténué; il eft queftion au contraire, dans une mouture conduite avec intelligence, d'obtenir les premières farines dans leur plus grande pureté, d'en recueillir le plus qu'il eft poffible, & de ne laiffer dans les dernières que le peu de fon réduit en poudre impalpable qu'il eft au-deffus de l'art d'en bien féparer : or, dans ce principe la mouture à la groffe peut donner, il eft vrai, une affez grande quantité de fleur de farine pure, elle peut fournir des farines d'une feconde qualité où il fe trouvera peu de particules de fon ; mais il n'en fera pas de même des farines bifes par lefquelles on terminera l'opération, elles feront fenfiblement piquées, & annonceront par leur rougeur que le fon y eft

abondant. Une chofe bien digne d'attention dans cette mouture, c'eft que pendant que le fon atténué jufqu'à un certain
point, paffe à travers le bluteau & fe confond avec la farine,
une partie des gruaux, c'eft-à-dire, la portion la plus précieufe
du grain qui a échappé au broyement de la meule, & qui
par la groffeur n'a pas pu fe faire jour à travers les foies
trop fines du bluteau, fort en qualité d'iffues par la grande
ouverture de ce même bluteau, & occupe une place parmi
le gros fon, tandis que parmi les farines la fienne eft occupée
par le fon atténué ; & on ne doit pas être furpris que dans
la mouture à la groffe une partie des gruaux échappe toujours
à l'action des meules : on fait que dans cette efpèce de mouture il n'y a qu'une feule opération au moulin, & que les
farines font rendues dans l'état brut aux propriétaires des
grains ; il eft aifé de fentir que le blé ne paffant qu'une feule
fois fous la meule, n'y eft pas broyé complètement, que
des portions de grains s'y maintiennent en petits grumeaux,
qu'enveloppées de toutes parts par la farine très-atténuée,
elles font garanties jufqu'à un certain point de l'action rapide
des meules, qu'elles confervent de la confiftance au milieu
de la farine & du fon qui reçoivent immédiatement le choc
des meules, & fortent bientôt de deffou elles à mefure que
de nouveau grain s'y introduit ; auffi remarque-t-on que les
gruaux deftinés, dans la mouture économique, à repaffer fous
les meules, n'ont pas fous les doigts la douceur & le moel-
leux de la farine ; il femble qu'on touche du fablon fin ou
du grès mis en poudre ; ces petites afpérités particulières aux
gruaux annoncent fans doute que les meules ne les ont pas
parfaitement atteints, qu'ils confervent une certaine groffeur,
& ne peuvent que gliffer par conféquent fur les foies du
bluteau, à travers defquelles au contraire la farine légère
paffe facilement ; dès-lors on reconnoît que ces portions
précieufes du grain n'étant broyées que très-imparfaitement
dans la mouture à la groffe, & ne repaffant pas fous les
meules, doivent refter confondues avec le fon, & occafionner
par-là une diminution plus ou moins fenfible fur le produit
en farine qu'on étoit en droit d'efpérer.

On n'éprouveroit pas cette perte fans doute, fi l'on em-
ployoit des bluteaux dont les toiles peu ferrées donnaffent
paffage à ces gruaux ; mais elles le donneroient auffi non-
feulement aux petites parties de fon qui s'y trouveroient
adhérentes, mais encore au fon plus groffier & dépouillé de
farine avec lequel ces gruaux feroient confondus ; ceux-ci
dès ce moment perdroient tout leur prix par ce mélange,
& rentreroient dans l'ordre des farines bifes, tandis que les
deux premiers produits en gruaux étant repaffés fous les
meules, font au moins auffi eftimés que la fleur de farine,
font mêlés fouvent avec elle par les boulangers, lui donnent
plus de corps qu'elle n'en auroit feule, & contribuent fur-tout
à la meilleure qualité du pain.

Nous n'ignorons pas, d'après des expériences particulières
que nous avons faites, & auxquelles un motif de curiofité
nous avoit conduits, qu'on ne puiffe par un rapprochement
exceffif des meules & dans une feule opération du moulin,
atténuer fi parfaitement une grande partie des gruaux, qu'ils
foient en état de paffer à travers les foies fines du bluteau
& en fortir avec la fleur de farine ; mais ce travail forcé
tombe également fur le fon confondu avec ces gruaux ; une
partie de ce fon réduit en poudre impalpable fe mêle avec
la farine la plus pure, s'introduit dans les gruaux broyés,
ôte à ces produits de la première qualité le blanc mât, ou
dans certaines circonftances la teinte légère de jaune qui les
caractérife, occafionne par-là un défordre dans les produits
de la mouture, qui n'échappe point, foit au coup-d'œil, foit
au tact des gens de l'art, & qui met obftacle encore au talent
des boulangers inftruits, celui de faire la combinaifon des
farines, & d'avoir fous la main dans des gruaux feuls d'une
excellente qualité, le moyen facile d'améliorer des farines
médiocres, & de maintenir le pain, par ce mélange, dans la
bonne qualité qu'on y a d'abord attachée.

Il eft vrai que dans cette mouture à la groffe, où les
meules font très-rapprochées, on obtient encore une portion
des gruaux, mais elle eft foible, le fon y eft remarquable,

& encore de la petite quantité qu'on obtient s'en est-il échappé une partie qui reste confondue avec le gros son, & qui demanderoit une nouvelle opération de la meule pour rentrer dans l'ordre des farines à la faveur du bluteau.

Le détail dans lequel nous venons d'entrer paroîtra suffisant sans doute à l'Académie, pour faire sentir que la mouture à la grosse sur laquelle nous avons été forcés de nous étendre par l'objet même de notre Rapport, a des inconvéniens presque inévitables; qu'elle n'est pas de nature à procurer l'extraction totale de la partie farineuse des grains; que l'ordre dans les produits, si favorable aux boulangers & utile au Public, ne sauroit y être observé avec autant d'exactitude & d'une manière aussi détaillée que dans la mouture économique. Elle occasionne d'ailleurs plus de frais que celle-ci n'en demande par les bluteries domestiques qu'elle met dans la nécessité d'établir; au lieu que dans l'autre mouture un seul moteur produit des effets différens, & tout est consommé au moulin. Nous ne nous arrêterons point ici sur cet article d'une augmentation de frais, il en a été question assez au long dans le Mémoire dont l'Académie a entendu la lecture, & que nous avons déjà cité.

Nous avons fait observer, & on peut voir par les tableaux qui accompagnent notre Rapport, que les produits en farine par la mouture à la grosse, ne s'éloignent pas considérablement de ceux de la même nature & du même blé que la mouture économique a rendus, puisqu'il ne s'agit que de 42 livres de différence à l'avantage de celle-ci, sur 2827 livres 12 onces de grains qui ont été soumises à chacune de ces deux sortes de mouture; mais il y a une observation à faire à cet égard, qui nous rappelle à la balance des déchets que nous avons éprouvés dans nos opérations, & qu'il convient d'établir ici.

Il paroît en général que les déchets dans la mouture économique, sont plus considérables que dans la mouture à la grosse, & nous en avons une preuve dans les résultats de notre travail. Tandis en effet que les 12 setiers, tant du blé de 1781 que de celui de 1782, ont perdu par la mouture économique 71 livres 4 onces; douze autres fetiers abfolument pareils n'ont eu en déchets dans la mouture à la groffe que 38 livres 12 onces, c'eft-à-dire, 32 livres 8 onces de moins que les douze premiers fetiers.

On ne fauroit douter que ces déchets plus forts, qu'on obferve dans la première de ces moutures, n'aient pour caufe principale les opérations multipliées du moulin & de la bluterie qui font répétées auffi fouvent que le blé, d'abord en nature, puis réduit à des gruaux, paffe & repaffe fous les meules. L'agitation continuelle d'une matière auffi légère que la fleur de farine, le déplacement qu'on eft obligé d'en faire, lorfqu'elle eft fortie du bluteau, le tranfport réitéré des gruaux, foit pour les faire paffer fous les meules à plufieurs reprifes, foit pour les verfer dans des facs en état de farine & dans l'ordre où ils ont été remoulus, la durée du travail qui eft de deux heures ou environ pour que l'opération foit complète, fur 240 livres de blé, tout annonce que dans la mouture économique, les déchets tombent principalement fur la partie farineufe du grain ; qu'ils doivent être moins confidérables, par proportion, fur fon écorce; & que dès-lors la perte qu'on éprouve dans cette mouture tient néceffairement à une nature de produit qu'il feroit effentiel de conferver & fur lequel, fi les déchets font inévitables, ils peuvent au moins, par des précautions affez fimples, être réduits beaucoup au-deffous de ceux qu'on remarque communément dans les moulins.

Si l'on fuppofe donc que dans notre expérience fur la mouture économique on fe fût garanti, comme nous fentons qu'on l'auroit pu, à la rigueur, de la perte des 32 liv. 8 onces de farine au-delà du total des déchets obfervés dans la mouture à la groffe, il en feroit réfulté que par la première de ces moutures nous aurions eu un excédant en farine, de 74 livres 8 onces fur les produits en farine de la feconde, & que la fupériorité de l'une fur l'autre auroit été bien plus marquée que nous ne venons de l'obferver. Il ne faut pas

croire cependant que cet excédant en farine, ne fût-il même
fuppofé que de 42 livres, comme les Tableaux l'annoncent,
ait été pris fur le menu fon, & qu'il auroit dû faire partie
réelle des iffues, comme étant de la même nature & d'une
baffe qualité. On fait que dans la mouture économique, le
gros, le menu fon & les déchets forment communément le
quart de la quantité de blé employée, & que les trois
autres quarts font compofés de cinq produits différens en
farine qu'il eft ordinaire auffi de tirer de cette mouture. Les
deux premiers de ces produits font, il eft vrai, de la plus belle
& de la meilleure qualité, le troifième en diffère peu ; &
quoique les deux derniers ne foient proprement que des farines
bifes, cependant on les vend plus cher quelquefois, toute
proportion gardée, que les farines de la première qualité.

Si, d'après la quantité affez conftante de ces produits en
farine par la mouture économique, on jette les yeux fur les
Tableaux de nos opérations, on verra que les 1452 livres du
blé choifi de 1781, ont rendu en farine par cette même
mouture 1096 livres, c'eft-à-dire, 7 livres de plus que les
trois quarts de la quantité de blé employée, & qu'il ne manque
par conféquent que 7 livres aux iffues jointes aux déchets pour
former le quart de cette même quantité de blé.

On obfervera encore que les 1375 livres 12 onces de
grains de 1782, n'ont rendu par cette mouture également que
1014 livres de farine, comme blé d'une qualité médiocre,
au lieu de 1031 livres 13 onces qui feroient les trois quarts
de la quantité de blé mife en expérience.

On reconnoîtra enfin que ces deux quantités de blé réunies,
& pefant enfemble 2827 livres 12 onces, ont donné
2110 livres de farine, c'eft-à-dire 10 livres 13 onces de
moins fur les trois quarts de la totalité des grains, & que
par conféquent les iffues jointes aux déchets qui dépendent
de ces deux quantités de grains réunies, préfentant un total
de 717 livres 12 onces, n'ont que 10 livres 13 onces
au-delà du quart de la totalité des grains.

Par l'application du même calcul aux produits moins
avantageux

avantageux en farine de la mouture à la groffe, on verra que les 2827 livres 12 onces des deux fortes de blé, n'ont rendu que 2068 livres de farine, au lieu de 2120 livres 13 onces qu'auroient dû produire, fur le pied des trois quarts, les grains foumis à cette mouture ; & que les 52 livres 13 onces de farine qu'on obferve de moins dans cette opération, fe retrouvent dans le total des iffues & des déchets qui font réfultés de cette mouture, puifque ce total eft de 759 livres 12 onces, tandis qu'il n'auroit dû monter qu'à 706 livres 15 onces pour former le quart de la totalité des grains.

Dans l'emploi que nous avons fait de douze fetiers de froment de la meilleure qualité, & recueilli dans une année favorable aux grains, telle qu'étoit 1781 , & dans l'emploi er. même temps de douze autres fetiers de froment d'une qualité inférieure & de la récolte de 1782 , nous avons eu pour objet, non-feulement de partir des mêmes bafes pour comparer les deux moutures & de les appliquer chacune aux deux fortes de blé, mais encore de donner dans les réfultats de la mouture des fix fetiers du plus beau froment & des fix autres fetiers du blé médiocre, la facilité de tirer un produit moyen qui pût repréfenter celui d'un *blé marchand*, qu'on regarde dans le commerce des grains comme au-deffous de la *tête des blés*, & au-deffus de ceux qui font peu recherchés : le prix de ce *blé marchand* paroît être celui qui doit fervir de règle pour affeoir la taxe du pain, puifqu'un boulanger n'achète ordinairement & affez cher des grains ou des farines d'une excellente qualité, que pour les marier avec d'autres dont il connoît la qualité inférieure, & qu'il n'a payé auffi qu'à proportion des défauts qu'il y a reconnus.

Les opérations même des boulangers mettent donc fur la voie pour trouver la bafe de la taxe du pain ; c'eft, à ce qu'il femble, la valeur *du blé marchand*, foutenue pendant quelque temps dans des marchés bien garnis, & qui tient à peu-près le milieu entre le prix du plus beau grain & celui des blés qui au premier coup-d'œil n'annoncent qu'un foible produit en farine, & auxquels ne s'attachent pas les

E

boulangers inſtruits ; quoiqu'on les leur offre à un prix aſſez bas.

Si on ſuppoſoit avec aſſez de fondement, que ſix des ſetiers de blé de 1781, mêlés avec ſix autres de 1782, & formant un total en poids de 2827 livres 12 onces, pourroient être regardés comme repréſentant *le blé marchand* dont il vient d'être queſtion, alors on auroit vu par le réſultat de nos expériences, que les trois quarts ou à très-peu-près de cette quantité de blé dont on ſuppoſe ici le mélange, ont été convertis en farine par la mouture économique ; mais on auroit remarqué en même temps, que le produit en farine n'a pas été auſſi avantageux dans la mouture à la groſſe, quoiqu'appliquée également à une quantité pareille de blé, par la raiſon bien ſenſible, que les iſſues qu'elle a données, ont recélé une partie des gruaux, par un vice ſur lequel nous nous ſommes déjà expliqués, & qui eſt inhérent à cette opération. Nous aurons lieu de revenir ſur cet objet eſſentiel, comme étant une des baſes ſur leſquelles doit porter le travail dont nous ſommes chargés, lorſque nous aurons expoſé les opérations de la boulangerie, & rendu compte de la quantité de pain de différentes qualités, qu'ont produit les farines que nous avons employées.

SECONDE PARTIE.

L'opération de convertir en pain une partie des farines que nous avions obtenues, exigea de notre part la même attention que nous avions donnée à la mouture des grains, & nous nous fîmes un devoir de la ſuivre juſque dans le plus ſimple détail pendant tout le temps qu'elle demanda. La mouture à la groſſe étant principalement celle dont nous devions nous occuper pour remplir les intentions du Parlement, nous crumes devoir employer par préférence les farines que nous avions tirées de cette mouture, & en faire uſage pour les convertir en pain dans les trois qualités de farine qui en étoient réſultées : nous nous tranſportames en conſéquence, le 15 Décembre de cette année, à Scipion, maifon dépendante de l'Hôpital général, où toutes nos farines étoient en dépôt, & diftinguées par des étiquettes qui défignoient leur poids, leur qualité, & les blés defquels ces farines provenoient.

Après avoir reconnu que le cachet que nous avions appliqué fur la ligature de ces facs à Corbeil, étoit fain & entier, nous fîmes ouvrir un de ceux qui contenoient la moitié ou environ de la farine de la première qualité que nous avions obtenue par la mouture à la groffe, du blé de 1781, & nous en tirames 310 livres qui furent mifes dans un autre fac féparément, lequel fut lié, cacheté de nouveau & étiqueté; nous tirames encore 130 livres de farine de la feconde qualité, fournies auffi par le blé de 1781, & provenant également de la mouture à la groffe, du fac qui la contenoit, & dont il ne refta que 6 livres 8 onces pour échantillon : ces 130 livres de farine furent mifes dans un autre fac qui fut fermé avec les mêmes précautions qu'on avoit prifes pour le premier: enfin nous tirames 220 livres de farine de la troifième qualité, forties toujours du blé de 1781, & obtenues par la mouture à la groffe, du fac où étoit enfermée cette farine bife, & dont il ne refta que 13 livres pour échantillon; les précautions dont on avoit ufé à l'égard des deux premiers facs, furent les mêmes pour celui dans lequel on mit ces 220 livres de farine, & ce premier ordre une fois établi, nous ne nous occupames plus que du foin de faire tranfporter ces farines dans l'endroit où nous pourrions jouir d'une certaine aifance, & fur-tout de la tranquillité que notre expérience demandoit: le travail continuel des boulangers de Paris ne nous offroit que peu de reffources de ce côté; nous jetames donc les yeux fur l'école de boulangerie, comme plus favorable que tout autre endroit pour l'exactitude de l'opération dont nous étions chargés; d'ailleurs, nous comptions fur le zèle & les lumières de M. Brocq qui eft à la tête de cette école de boulangerie, & nous ne nous trompions pas: nos trois facs de farine furent tranfportés en conféquence à cette boulangerie, le même

E ij

jour 15 Décembre, & dès le soir nous y commençames notre opération. Il y a deux fours dans cette École, qui sont aſſez continuellement occupés, tant pour le pain des Priſons & celui du Dépôt de Saint-Denys, que pour celui de l'École-militaire ; tout le travail relatif à ces trois endroits fut fait dans la journée du 15 Décembre, & nous eumes la liberté pendant la nuit de diſpoſer des ouvriers attachés à cette boulangerie, pour les opérations multipliées que notre expérience demandoit.

Nous nous propoſames de faire trois fournées de pain dans l'emploi des farines que nous avions enlevées de Scipion, & nous comptames, d'après des épreuves connues, ſur 288 livres de pain ou environ par chaque fournée.

On a vu plus haut que le premier des trois ſacs que nous avions fait tranſporter à l'école de boulangerie, contenoit 310 livres de farine de la première qualité ; que le ſecond contenoit 130 livres de farine de la ſeconde qualité, nommée *bis-blanc*, & qu'il y avoit 220 livres de farine biſe dans le troiſième ſac ; le total de ces farines étoit de 660 livres, dont le tiers de 220 livres, converti en pâte, étoit deſtiné pour chacune des trois fournées.

Comme les 310 livres de farine étoient de la même qualité, elles furent traitées dans un pétrin ſéparé ; les 130 livres de bis-blanc eurent auſſi un pétrin à part ; & les farines biſes furent également travaillées en particulier : ce ne fut qu'au moment de faire uſage du four qu'une partie de la pâte produite par les 310 livres de farine de la première qualité, fut réſervée pour former une certaine quantité de pain, & être jointe en cet état, pour une fournée, à ceux que devroient donner les 130 livres de bis-blanc : quant aux 220 livres de farine biſe, elles ſuffiſoient ſeules, étant converties en pâte, pour occuper le four, & ne le garnir qu'autant que nous l'avions jugé convenable. Nous aurions deſiré de faire une fournée entière de bis-blanc, comme elle a eu lieu pour les deux autres ſortes de farine, mais nous n'avions que 130 livres de bis-blanc ou environ, & il étoit plus eſſentiel de faire

une fournée entière dans laquelle ce bis-blanc fût compris,
avec la précaution de le bien diftinguer, que de l'expofer
féparément en petite quantité à toute la chaleur d'un four
affez grand : 90 livres de farine de la première qualité
qu'avoient en excédant les 310 livres dont il vient d'être
queftion, & qui donnèrent 118 livres de pain, complétèrent
la fournée trop foible du bis-blanc, & les rendirent toutes
les trois égales, comme ayant reçu chacune le produit en
pâte de 220 livres de farine.

L'expofé que nous venons de faire nous a paru indifpen-
fable pour la clarté de notre opération, & afin que rien
n'arrêtât dans les détails qui nous reftent à expofer.

Le même jour 15 Décembre, à 10 heures $\frac{1}{2}$ du foir,
on commença à préparer le *levain de première* [farine], qui
étoit deftiné pour les 310 livres de farine de la première
qualité ; on prit pour cet effet 10 livres de levain dans celui
qui appartenoit à l'école de boulangerie ; on les délaya dans
huit pintes d'eau de puits un peu chaude, on les mêla
enfuite avec 30 livres de farine tirées du fac qui contenoit
les 310 livres de la première qualité, & on en forma une
pâte ferme & élaftique qu'on entretint dans une douce chaleur,
afin qu'elle prît plus tôt fon apprêt : on referma le fac de farine
que ce levain regardoit, & on en cacheta la ligature.

A 2 heures 42 minutes du matin on procéda au levain de
deuxième ; on délaya le levain de *première* dans 12 pintes
d'eau tiède, on les mêla avec 48 livres de farine tirées du
fac dont nous venons de parler, & on en forma une maffe
de pâte qui avoit toute la confiftance de la première ; on la
mit dans une corbeille d'ofier qui fut recouverte par une
toile groffière, & qu'on entretint dans une douce chaleur
fur le cul du four : à 6 heures 55 minutes du matin, ce
levain de *deuxième* avoit tellement reçu fon apprêt, que la
pâte fe gonfloit de toutes parts, & commençoit à fe répandre
hors de la corbeille ; on le délaya fur le champ dans 22 pintes
d'eau, on le mêla parfaitement avec 77 livres de farine de
première qualité, & lorfque le levain *de tout point*, c'eft-à-

dire le troifième & dernier, eut été converti en pâte folide
& bien liée, on lui fit prendre fon apprêt dans deux corbeilles
qui furent placées bien recouvertes fur le cul du four.

A 9 heures 40 minutes du matin, ce levain *de tout point*
ayant éprouvé la fermentation qui étoit néceffaire pour qu'on
le mêlât de nouveau avec une quantité de farine proportionnée
à fa maffe, on le mit dans un pétrin ; on y mit en même-
temps les 155 livres de farine qui reftoient des 310 livres
deftinées pour le pain de la première qualité, & on délaya
ce levain *de tout point* avec 51 pintes d'eau : lorfque le mélange de la farine & du levain fut complet, & qu'on en eut
formé une maffe de pâte parfaitement homogène & bien liée,
on la mit par parties dans le tour, qui eft une forte de pétrin
plus petit & moins profond que le premier ; cette pâte y
fermenta encore, & y prit un nouvel apprêt, en attendant
qu'elle fût divifée en autant de portions qu'on voudroit
former de pains.

Quoique les heures auxquelles on a formé les trois
levains deftinés pour chaque forte de farine, fe foient ou
fuivies d'affez près, ou trouvées entre-mêlées, de manière
qu'on préparoit un levain pour une forte de farine, pendant
qu'un autre levain formé plus tôt, recevoit fon apprêt ; cependant nous avons cru devoir, pour un plus grand ordre,
fuivre fans interruption la marche des trois levains & de
leur emploi pour chaque forte de farine, & les préfenter
fous un même coup-d'œil, en remontant pour chacun d'eux,
aux heures où il a été préparé.

A 10^h 50′ du foir, on difpofa le levain de *première* pour
la farine de la feconde qualité, nommée *bis-blanc* : à 3 livres
de levain de *chef*, prifes dans la pâte de l'école de boulangerie, on joignit 9 livres de farine de bis-blanc ; on délaya
ce levain dans trois pintes d'eau chaude, & après avoir formé
du tout une pâte ferme & bien liée, comme celle dont
nous venons de parler, on lui laiffa prendre fon apprêt en
la maintenant dans une douce chaleur. A 3 heures du matin,
ce même levain fut repris ; on le délaya dans 6 pintes d'eau,

& on le pétrit avec 23 livres de farine de bis-blanc : la pâte bien travaillée qui en réfulta, devint le levain de *feconde*, & paffa pendant quelques heures à la fermentation : on le reprit à 7 heures $\frac{3}{4}$ pour compofer le levain de *tout point*; il fut délayé dans 9 pintes d'eau & mêlé avec 33 livres de farine de bis-blanc. Ce troifième levain eut bientôt acquis la confiftance de la pâte; mis enfuite dans une corbeille, il y éprouva une nouvelle fermentation, & à 10 heures $\frac{1}{4}$ du matin il fut tiré de la corbeille, mis dans le pétrin, délayé dans 23 pintes d'eau, & mêlé avec les 65 livres de farine de bis-blanc qui étoient reftées; lorfque le total de la maffe eut été bien pétri, on mit la pâte dans le tour où elle fermenta de nouveau en attendant la fubdivifion qu'on en feroit pour en former des pains.

On vient de voir que les fix premiers levains ont été préparés affez près les uns des autres, parce que nous avions la liberté d'employer deux fours en même temps, & qu'il falloit que les pains en pâte & fur *couche* fuffent prêts en même temps pour chacun des fours; mais nous n'avions pas la même précaution à prendre pour les levains relatifs à la farine bife, puifque la cuiffon des pains qu'elle devoit nous fournir ne pouvoit avoir lieu qu'après celle des pains de la première qualité, & lorfqu'on auroit eu donné à l'un des deux fours toute la chaleur qu'il avoit perdue : auffi ne commençames-nous à préparer le levain de *première* pour la farine bife, qu'à 3 heures $\frac{1}{4}$ du matin; nous primes, comme nous avions déjà fait, dans de la pâte levée de l'école de boulangerie, les 5 livres de levain de *chef* dont nous avions befoin, on les délaya dans 4 pintes $\frac{1}{2}$ d'eau, & on les mêla avec 15 livres de farine bife : on laiffa à la pâte qui en réfulta tout le temps de bien fermenter, & ce ne fut qu'à 8 heures $\frac{1}{4}$ que ce levain de *première* fut repris, qu'on le délaya dans 12 pintes d'eau, qu'on le pétrit avec 40 livres de la même farine bife, & qu'après avoir obtenu une pâte bien liée, on lui fit éprouver la fermentation; elle fe trouva portée au degré convenable à 10 heures $\frac{3}{4}$; alors, on délaya ce fecond levain dans 17 pintes $\frac{1}{2}$ d'eau , & on le pétrit avec 55 livres de farine bife. Devenu levain *de tout point* par cette troifième opération ; il fut mis dans des corbeilles, & y reçut fon apprêt jufqu'à 1 heure 10 minutes de l'après-midi, qu'on le délaya parfaitement dans 40 pintes d'eau, & que, pétri avec 110 livres de farine bife, on en compofa une maffe de pâte fortement travaillée, qui fut mife enfin dans le tour pour y rentrer dans l'état de fermentation que les pétriffages fucceffifs avoient interrompue : l'effet avantageux de cette fermentation s'annonce quelquefois dans le tour même , mais plus fouvent fur les levains par les gerfures qu'on remarque à la furface de la pâte, & dont il eft aifé de fentir la raifon ; cette furface fe deffèche un peu , & prend une certaine confiftance, tandis que la maffe de la pâte conferve en-deffous fon humidité , & ne perd rien de fa molleffe ; cependant le mouvement inteftin qu'excite la fermentation dans cette maffe bien liée & élaftique, l'oblige de fe foulever ; elle fe dilate peu-à-peu, fe tuméfie , réfifte doucement à la main qui la preffe, & oblige enfin la furface, trop sèche, de fe gercer de toutes parts pour fe prêter à la forme convexe que prend la pâte en fe foulevant.

L'Académie a remarqué fans doute, que dans la formation des trois levains relatifs à chacune des fortes de farine, nous avons employé fucceffivement, & toujours en augmentant, une quantité déterminée de ces farines, de manière que lorfqu'il a été queftion de faire ufage du troifième levain, ou levain de *tout point*, nous avions converti en pâte la moitié jufte de chaque forte de farine ; que l'autre moitié fut mêlée enfuite avec ce même levain de *tout point*, & que par-là chaque forte de farine convertie en pâte, donna féparément la quantité de pain qu'elle devoit fournir : cette méthode que fuivent les boulangers intelligens, eft fagement établie ; on fe contentoit autrefois de mêler une quantité médiocre de levain, avec une maffe confidérable de farine, & on laiffoit enfuite la pâte dans le repos pour y prendre *l'apprêt* dont elle étoit fufceptible, jufqu'au moment où les

pains

pains feroient tournés & mis au four; mais on fent combien il étoit difficile que la fermentation s'établît parfaitement dans une quantité confidérable de pâte, à la faveur d'un peu de levain, fur-tout en ne lui donnant que quelques heures pour produire tout fon effet; au lieu qu'en fuivant la méthode que nous avons employée, on fait paffer d'abord à l'état de levain une petite portion de la farine qu'on fe propofe d'employer; bientôt après une portion plus forte de la même farine fe convertit en levain à l'aide du premier: une autre portion de farine plus confidérable que les premières, & qui complète la moitié de toute celle qu'on doit employer, paffe à l'état de levain par fon mélange avec la pâte précédente qui a déjà fermenté; enfin, l'autre moitié de farine qu'on avoit réfervée, eft pétrie avec celle qui a fubi la fermentation, & ne tarde pas elle-même à l'éprouver par le fecours puiffant qu'elle trouve dans une grande quantité de levain: on juge par-là combien cette pratique des boulangers inftruits eft favorable pour rapprocher fur le champ une molécule de farine qui a fermenté, d'une autre qui n'a pas encore paffé par cet état; pour établir en peu de temps un mouvement inteftin dans toute la pâte, & quelque confidérable qu'en foit la maffe, pour l'obtenir bien levée avec beaucoup d'égalité.

On a vu plus haut que les 310 livres de farine de la première qualité, ayant été converties en pâte difpofée à bien fermenter, à la faveur de trois levains qu'on y avoit introduits fucceffivement, fut mife dans le tour pour y prendre un nouvel apprêt : lorfque le moment de l'employer fut venu on commença par en tirer les pains qui devoient compofer la première fournée; ils étoient au nombre de 72, & pefoient chacun 4 livres, & en outre 10 onces d'excédant de pâte, pour fuppléer à la perte que devoit occafionner la cuiffon. Le *bon* de poids que l'on met ordinairement à Paris fur les pains encore en nature de pâte, eft de 2 onces fur un pain d'une demi-livre, de 3 onces fur celui d'une livre, de 6 onces fur celui de 2 livres, de 10 onces fur

celui de 4 livres, de 14 onces fur celui de 6 livres, de
1 livre 4 onces fur celui de 8 livres, & enfin de 1 livre
8 onces fur le pain rond de 12 livres; cet excédant de
pâte fur les différens pains, eft un peu plus fort dans
quelques villes de Provinces, & notamment à Rochefort.
Après la pefée de ces 72 pains auxquels on ne donna en
les tournant qu'une longueur médiocre, celle des pains de
pâte ferme fi fort en ufage à Paris, afin qu'ils éprouvaffent
moins de déchets au four, on les mit chacun dans un
panneton, on les rangea enfuite dans des tiroirs où ils
prirent leur dernier apprêt en attendant que le four eût été
garni de bois parfaitement defféché, & que le feu, mis fans
trop de précipitation, y eût établi une chaleur égale.

Le refte de la pâte dépendante des 310 livres de farine
de la première qualité fut fubdivifé en 40 pains d'une
livre, en 18 de 2 livres, en trois couronnes de 2 livres
chacune, & en 16 pains ronds de 3 livres; ces pains plus
petits que les premiers devoient faire partie de la feconde
fournée & y être diftingués; ils commencèrent à prendre
leur apprêt, ou fur *couche*, ou dans des pannetons, pendant
qu'on préparoit ceux que fourniffoit la pâte de bis-blanc, &
qui devoient compléter la fournée. On prit fur cette dernière
pâte, comme plus ferme que la première, la quantité qu'il
falloit pour former 2 pains de 12 livres chacun, 2 autres
de 8 livres, 3 couronnes de 2 livres, & le refte de la pâte
fut converti en pains ronds de 3 livres chacun.

Ces pains de bis-blanc éprouvèrent de leur côté une
légère fermentation dans les pannetons où ils furent placés,
& fe trouvèrent prêts pour être affociés aux autres en même
temps dans le fecond four qui leur étoit deftiné.

Les 72 pains de 4 livres ayant été préparés à deffein un
peu plus tôt que les autres, afin que les opérations en fe
fuccédant ne donnaffent lieu à aucune confufion, on mit
vers midi le feu au premier four, & cinq quarts d'heure
après ou environ il fut en état de recevoir les 72 pains;
ils y reftèrent à peu-près une heure, & cette fournée fut

faite ; le fecond four auquel on avoit mis le feu pendant que le pain cuifoit dans le premier, fe trouva prêt lorfque la première opération eut été terminée & que les 72 pains, mis dans un grand panier eurent été placés à l'écart.

On ne tarda donc pas à s'occuper de la feconde fournée, en mettant quelqu'ordre dans la manière de placer les pains dans le four : les pains de bis-blanc , & fur-tout ceux de 8 & de 12 livres en occupèrent le fond, comme beaucoup plus forts que ceux qui devoient les accompagner ; les pains tirés de la farine de la première qualités furent placés à l'entrée du four, de manière cependant que ceux du poids de trois livres qui fortoient de cette même farine, étoient les plus voifins de ceux de bis-blanc , & que les petits pains comme plus prompts à cuire, formoient le premier rang vers la bouche du four. Il nous fut facile , par cette difpofition , de féparer au fortir du four les pains de diffé-rentes qualités qu'il avoit contenus , & de conferver jufqu'à la fin de notre expérience l'ordre que nous y avions d'abord établi.

Le retard que nous mimes, à deffein, dans la formation des levains qui regardoient la farine bife, nous donna tout le temps néceffaire pour terminer tranquillement les deux premières opérations, & pour attendre que la pâte en laquelle toute cette farine avoit été convertie, eût pris fon apprêt dans le tour : lorfqu'on jugea qu'elle y avoit fuffifamment fermenté, on la fubdivifa en pains ronds de différente pefanteur , on en fit cent un d'une livre & demie chacun, & trente de trois livres, comme deftinés pour les prifons ou le dépôt des Mendians, & le refte de la pâte fut employé à faire deux pains de douze livres chacun, & quatre autres de fix livres : pendant qu'ils prenoient tous l'apprêt ordinaire dans des pannetons, on fe difpofa à chauffer le premier des deux fours, & lorfqu'il eut acquis la chaleur convenable, on y mit ces cent trente-fept pains, en obfervant de placer au fond ceux qui, comme les plus forts, demandoient à y féjourner un peu plus long-temps : lorfque ces pains parurent cuits ſuffiſamment aux boulangers qui affiſtoient à nos expériences, on les tira du four, on les mit dans des paniers ſéparés des autres, & vers les ſix heures du ſoir tout le travail de la boulangerie ſut terminé: nous attendimes juſqu'au lendemain pour conſtater le poids de tous les pains; nous ſentimes bien qu'il en réſulteroit quelque déchet, mais il n'eſt point d'uſage de livrer le pain au ſortir du four, & il convenoit de n'en déterminer la peſanteur que dans l'état où il ſe trouve quand on l'expoſe en vente.

Lors donc que nous eumes reconnu le lendemain que nous avions la totalité des différens pains qui avoient compoſé les trois fournées, nous n'eumes plus qu'à conſtater leur poids : l'inégalité de peſanteur qu'il y a conſtamment dans les pains au ſortir d'un même four, comme on l'a prouvé par expérience dans un Mémoire publié à ce ſujet, quoique ces pains en nature de pâte euſſent été d'un poids abſolument pareil, cette inégalité ordinaire dans la peſanteur des pains, quoique ſemblables tous en apparence, ne nous permit pas de nous régler ſur le poids d'un pain de quatre livres, par exemple, pour en conclure que d'autres qui avoient été faits ſur ce pied-là, euſſent tous réellement ce même poids, ou ne s'en écartaſſent pas ſenſiblement ; nous primes donc le parti le plus ſimple & qui nous conduiſit à l'exactitude, ce fut de peſer les pains par maſſes dans de grandes balances, d'employer les paniers d'oſier, après en avoir fait la tare, pour les petits pains difficiles à entaſſer ſur le plateau des balances, & de mettre dans les différentes peſées que nous fimes, toute la préciſion dont elles étoient ſuſceptibles : il en réſulta que les 3 1 0 livres de farine de la première qualité avoient donné 399 livres en pains de forme & de poids différens; que les 1 3 0 livres de farine de bis-blanc en avoient donné 1 7 1 livres; que nous avions tiré des 2 2 0 livres de farine biſe, 2 9 1 livres de pain; & que le total des trois fournées étoit de 8 6 1 livres. Il eſt néceſſaire cependant d'obſerver que nous avions employé pour les levains de *chef* dont nous avions beſoin, 18 livres de pâte qui étoient étrangères à notre opération, & que les pains qui en font réfultés ont produit une augmentation fur la totalité de ceux que nous avons obtenus de nos propres farines : ces 18 livres de pâte contenoient 11 livres $\frac{1}{4}$ de farine & 6 livres $\frac{3}{4}$ d'eau ; converties en pains avec la maffe entière, elles en ont dû produire 14 livres $\frac{3}{4}$ dont il faut tenir compte dans le produit total que nous venons d'annoncer.

On regarde une opération en boulangerie comme bien faite, lorfqu'en employant 320 livres de farine d'une bonne qualité, en préparant la pâte avec foin, en ne la divifant qu'en pains de quatre livres, ou ronds ou d'une médiocre longueur, & en veillant fur-tout à la conduite du four, on retire de cette quantité de farine 420 livres de pain. Les réfultats de notre expérience fe font trouvés un peu au-deffous de cette proportion, tant à caufe d'un affez grand nombre de pains d'une à deux livres, qui faifoient partie des fournées, que par la raifon du féjour des pains de 4 livres dans la première, qui fut un peu plus long qu'il ne falloit. Si en effet la totalité de nos pains n'euffent perdu au four que la quantité d'eau convenable, les 660 livres de farine que nous avons employées auroient rendu, dans la proportion dont nous venons de parler, 866 livres $\frac{1}{4}$ de pain, & en y ajoutant les 14 livres $\frac{3}{4}$, produits par les 18 livres de levain, nous aurions eu en total 881 livres de pain ; mais comme nous n'en avons obtenu réellement que 861, on voit que ce produit eft de 20 livres au-deffous, proportion gardée, de celui de 420 livres de pain donné par un fac de farine qui eft établi à Paris fur le pied de 320 livres ; cette diminution de poids a été remarquable fur les pains de 4 livres qui compofoient la première fournée, comme ayant une affez grande furface, quoique d'une longueur médiocre ; mais elle a été encore plus marquée dans les pains d'une & de deux livres qui avoient fait partie de la deuxième fournée, & qui fortoient des 310 livres de farine de la première qualité ; ces derniers petits pains, en effet, au nombre de 61, qui auroient dû pefer enfemble 82 livres ou à-peu-près, d'après le poids qu'on leur avoit donné en nature de pâte, ne fe trouvèrent plus en total que du poids de 73 livres $\frac{1}{2}$, & avoient perdu par conféquent 8 livres $\frac{1}{2}$, c'eft-à-dire un dixième du poids qu'ils auroient pu conferver comme pains plus forts & réduits à une moindre qualité.

On a dû remarquer que nous avons employé 208 pintes ou 416 livres d'eau, pour convertir en pâte toutes nos farines, & que d'ailleurs les 18 livres de levain en conte-noient 6 livres $\frac{3}{4}$: les trois fortes de ces farines n'ont point abforbé, toute proportion gardée, une égale quantité d'eau ; pendant que les 310 livres de farine de la première qualité n'en ont reçu que 186 livres, les 130 livres de bis-blanc en ont exigé 82 livres, c'eft-à-dire 4 livres de plus que n'en auroient demandé 130 livres de la première de ces farines ; & d'un autre côté il eft entré 148 livres d'eau dans les 220 livres de farine bife, tandis qu'il n'en auroit fallu pour une quantité égale de farine de la première qualité que 132 livres, & lorfque d'un autre côté 138 livres $\frac{5}{6}$ ou à-peu-près auroient été fuffifantes pour 220 livres également de farine de bis-blanc. Comme le pain tiré de cetre dernière farine & celui que nous avons obtenu de la farine bife ont beaucoup moins perdu au four que les pains compofés de la farine de la première qualité, il paroît que les farines qui, à quantités égales, abforbent le plus d'eau en paffant à l'état de pâte, en retiennent davantage & avec plus de ténacité lorfqu'elles ont été converties en pains ; il eft vrai-femblable auffi que cette propriété qu'ont certaines farines d'éprouver une moindre perte dans le four, tient dans la farine de bis-blanc, par exemple, à la grande quantité de gruaux qui s'y trouvent mêlés ; qu'elle tient auffi dans la farine bife fortie de la mouture à la groffe, non-feulement à une portion de ces mêmes gruaux qui y font confondus, mais encore au fon plus ou moins atténué que ces farines contiennent.

Nous avons employé dans notre expérience 671 livres $\frac{1}{4}$ de farine, en y comprenant celle qui appartenoit aux levains de *chef*, & nous en avons retiré 861 livres de pain; il étoit entré 422 livres $\frac{3}{4}$ d'eau dans la formation de la pâte qui a produit cette quantité de pain; il s'étoit donc fait une combinaifon de 189 livres $\frac{3}{4}$ d'eau avec la totalité des farines, & il s'en étoit évaporé dans le four 233 livres. Il paroît dès-lors que fi nos pains n'euffent pas éprouvé une perte de 20 livres au-delà de celle qu'on remarque dans une opération de boulangerie bien conduite, fur-tout à l'égard du four, il feroit refté en combinaifon dans ces mêmes pains 209 livres $\frac{3}{4}$ d'eau : c'eft-à-dire la moitié ou à peu-près de toute celle que nous avions employée. Si à la rigueur, la moitié de l'eau que nous avons introduite dans nos farines y fût reftée, après leur converfion en pains, elle auroit fait les cinq feizièmes de ces farines; & peut-être, fuivant la proportion dont nous avons parlé plus haut, d'après même des expériences journalières, eft-ce le point le plus avantageux auquel on pourroit s'arrêter afin que le pain eût toute la faveur qui lui eft propre fix à fept heures après qu'il eft forti du four, pour qu'il fe maintînt le lendemain dans une certaine fraîcheur, & ne perdît pas en paffant trop tôt à un état de féchereffe le goût agréable qu'on y avoit d'abord trouvé.

On fent bien qu'il ne s'agit ici que de pains compofés des farines de la première qualité, qui, ou ronds ou d'une longueur médiocre, ne préfentent pas trop de furface, & qui foient tous du poids de 3 à 4 livres. On efpéreroit en vain l'avantage dont nous parlons d'une fournée où il ne feroit entré que des pains d'une à deux livres, fur-tout fi la pâte étoit légère & bien battue ; on perdroit bientôt au four beaucoup plus de la moitié de l'eau qu'on auroit employée; ces pains, fur-tout ceux d'une livre, ne feroient frais que le premier jour, ils n'auroient que peu de faveur le lendemain & fe trouveroient infipides le troifième jour.

Quant aux farines bifes, on a vu qu'en état de pâte elles confervoient mieux l'eau, par leur nature, que les farines blanches, puifque la fournée pour laquelle on a fait ufage de

ces farines bifes , n'étoit compofée , en très-grande partie,
que de pains d'une livre & demie, & qu'il ne s'y eft évaporé
cependant que la moitié ou à peu-près de l'eau qui étoit
entrée dans la pâte ; au furplus les 20 livres de déchets
qu'on a remarquées fur la totalité de nos pains, fe réduifent
à une perte peu confidérable fur chaque livre prife l'une dans
l'autre : elles n'y opèrent pas à la rigueur une diminution
de trois gros , & il feroit à fouhaiter que dans le commerce
immenfe de la boulangerie , dans les variations fur le poids
du pain que la chaleur inégale du four peut occafionner, la
diminution à l'égard du poids prefcrit, n'allât pas en général
au - delà de celle qui s'eft trouvée dans notre expérience ,
& que les pains de pâte légère fur-tout, à laquelle on auroit
donné l'excédant de poids ordinaire , ne fe trouvaffent trop
foibles que de 3 gros par livre au fortir du four.

Quoique l'expérience fur la converfion d'une quantité
déterminée de farine en pains de différentes qualités, dont
nous venons d'expofer les détails , & les obfervations que
nous y avons jointes euffent pu fuffire , à plufieurs égards,
pour les conféquences que nous avons à tirer relativement à
l'objet de notre travail , cependant nous avons cru devoir
faire un nouvel effai, en matière de boulangerie, foit pour
confirmer les faits que nous avions d'abord reconnus , foit
pour parvenir à une plus grande précifion dans les réfultats.

Cette feconde épreuve a roulé fur les farines différentes
tirées des fix fetiers de froment médiocre de 1782 , &
obtenues par la mouture à la groffe.

Nous nous fommes bornés, comme dans la première expérience, à 660 livres de farine en total , & cette quantité
étoit compofée de 350 livres de fleur de farine, de 160
de bis-blanc & de 150 de farine bife. Nous commençames
cette opération le 26 Janvier à huit heures & demie du foir ;
nous la continuames pendant toute la nuit pour la formation
fucceffive des levains relatifs à chaque forte de farine, & en
laiffant les intervalles de temps néceffaires pour que la pâte
renouvelée à quatre reprifes reçût parfaitement fon apprêt. Le
compte

compte exact que nous avons rendu de la première expérience, nous difpenfe d'en rendre un nouveau de celle-ci:
quant aux précautions qu'il étoit néceffaire de prendre avant
que le pain fût mis au four, elles ont été les mêmes pour
cette deuxième opération que celles dont nous avons parlé
en expofant la première; & il nous fuffira de dire ici que
les 350 livres de fleur de farine abforbèrent, à quatre reprifes,
209 livres ½ d'eau ; qu'il en fallut 100 livres pour les
160 de bis-blanc & 99 livres pour les 150 livres de farine
bife ; & que par conféquent la totalité de l'eau pour les
660 livres de farines différentes fut de 408 livres 8 onces ;
il faut même ajouter à ce total 7 livres 2 onces d'eau que
contenoient les 20 livres de levain de *chef* que nous primes
à l'école de boulangerie pour commencer notre travail. La
maffe de pâte qui étoit réfultée des 350 livres de fleur
de farine, avoit reçu tout fon apprêt vers les neuf heures
du matin; on en tira d'abord 74 pains longs, du poids de
4 livres, qui furent deftinés pour la première fournée ; le
furplus de cette pâte fut fubdivifé en 132 pains d'une livre,
en 20 autres de deux livres chacun , & enfin du peu qui
refta de cette même pâte on fit 3 petits pains en forme de
couronne, lefquels pefoient enfemble 5 livres ½.

On s'occupa enfuite de la pâte de bis-blanc, dont l'apprêt
ne tarda pas à s'annoncer dès que ce premier travail eut été
fini ; il fut tiré de cette pâte, un peu plus ferme que la première,
foixante-trois pains, dont deux étoient chacun de 12 livres,
trois étoient de 8 livres, fix pefoient chacun 4 livres, cin-
quante autres étoient chacun du poids de 3 livres, & deux
autres, en forme de couronne , ne pefoient enfemble que
2 livres ½.

Tous ces pains de bis-blanc & les petits pains que la
pâte de fleur de farine avoit fournis, composèrent la deuxième
fournée ; on réferva pour la troifième tout le produit de la
farine bife ; il confifta en cinquante-fix pains, dont deux
étoient chacun de 12 livres, trois de 8 livres, fix de 4 livres,
& quarante-cinq de 3 livres.

G

Nous veillames attentivement à la chaleur du four, fur-tout vers la fin de l'opération; on en tira même alors quelques pains pour bien juger de leur état, & ce ne fut que lorfqu'on regarda la totalité comme parvenue au degré de cuiffon convenable, qu'on tira tous les pains du four, en commençant par les plus petits, comme plus expofés à fouffrir du déchet par le moindre délai, que ceux de 4, de 8 & de 12 livres.

Les produits des trois fournées furent mis par ordre dans de vaftes paniers d'ofier, & y refroidirent lentement dans la boulangerie jufqu'au lendemain matin, où nous nous occupames du foin de les pefer, en diftinguant les pains de différentes qualités; tous ceux qui dépendoient de la première fournée fe trouvèrent du poids de 292 livres.

Les pains d'une & de 2 livres, qui faifoient partie de la deuxième fournée, pefoient enfemble 163 livres 12 onces.

Et les pains de bis-blanc, qu'on avoit joints à ceux-là dans le même four, pefoient enfemble 222 livres 4 onces.

Enfin, les pains bis qui avoient été cuits féparément comme exigeant un féjour affez long au four, pefoient en total 203 livres.

Ces quatre quantités réunies formèrent celle de 881 livres.

On a vu que nous avons employé 660 livres de farine pour cette expérience, tant en fleur de farine, qu'en bis-blanc & en farine bife : il faut ajouter à cette quantité celle de 12 livres 14 onces de farine, ou à peu-près, que contenoient les 20 livres de levain de chef qui nous avoient été néceffaires pour commencer à établir la fermentation dans la pâte des trois fortes de farine que nous avions à convertir en pains.

Ces 672 livres 14 onces de farine auroient donné 883 livres 2 onces de pain dans la proportion favorable de 420 livres de pain tirées de 320 livres de farine : le total de nos produits en pain n'a donc été au-deffous de celui-là que de 2 livres 2 onces, & nous nous fommes peu écartés de cette proportion avantageufe que nous defirions de faifir.

Mais on doit faire attention que la première fournée

étoit compofée , en très-grande partie, de pains longs de
4 livres , qui préfentant plus de furface que les pains ronds
du même poids , avoient donné lieu à une évaporation plus
confidérable de l'humidité de la pâte : il eft encore plus
effentiel d'obferver qu'il y avoit dans la feconde fournée
cent trente-deux pains d'une livre , vingt de 2 livres , &
trois autres pains en forme de couronne , du poids chacun
d'une livre 9 onces ou environ , & que cette multiplicité de
pains a occafionné beaucoup de déchet au four ; il s'eft trouvé
tel, qu'il a fallu que les pains ronds de bis-blanc & ceux
de farine bife , dont plufieurs étoient de 12 , de 8 & de
4 livres , ayant eu un excédant de poids au-delà de la proportion de 420 livres de pain tirées de 320 livres de farine,
pour faire difparoître prefque totalement le déchet que les
pains longs de 4 livres & fur-tout les petits pains avoient
éprouvé ; cet excédant étoit de 11 livres 10 onces , tandis
que le déchet alloit à 13 livres 12 onces ; & comme la perte
fur ces derniers pains étoit plus forte de 2 livres 2 onces que
l'augmentation de poids fur les pains de bis-blanc & de
farine bife , il eft réfulté que dans notre expérience nous n'avons
pas obtenu tout-à-fait le produit favorable qu'indique la proportion de 320 livres de farine pour 420 livres de pain.

La quantité d'eau que nous avons employée pour cette
feconde expérience , montoit à 415 livres 10 onces , en y
comprenant 7 livres 2 onces que les 20 livres de levain
de chef avoient abforbées : la moitié de cette quantité d'eau
eft de 207 livres 13 onces ; le total des farines dont nous
avons fait ufage , y compris 12 livres 14 onces contenues
dans les 20 livres de levain de chef, alloit à 672 livres
14 onces , lefquelles ont produit 881 livres de pain, c'eft-
à-dire, 208 livres 2 onces au-delà du poids total des farines ;
cet excédant du produit en pain eft, à cinq onces près, la
moitié de l'eau qui eft entrée dans toute la pâte : cette partie
confidérable d'eau , mêlée d'abord avec la farine , & combinée enfuite avec elle au four , lorfque celle-ci s'eft convertie
en pain, a paffé au même état ; elle le conferve toujours ; &

G ij

fi après un certain temps elle a plus éprouvé de diminution que les molécules propres de la farine, elle fe foutient en très-grande partie dans l'état de combinaifon auquel on l'a fait paffer ; & cette eau qui alors paroît avoir perdu fon caractère diftinctif, ne fe diffipe enfin que par le dépériffement total du pain.

Si, comme nous l'avons infinué dans le détail de la première expérience de boulangerie, il y a un point à faifir dans la cuiffon du pain, celui de ne lui laiffer perdre au four que la moitié de l'eau que la pâte contenoit, nous aurons prefque atteint à ce but dans la feconde expérience ; mais nous n'y ferons parvenus qu'après avoir été avertis par la première opération, des ménagemens qu'exige la conduite du four, & après y avoir éprouvé un déchet de 20 livres de pain, par un féjour trop long de quelques minutes que le pain fit dans le four, fur-tout à la première fournée où il y eut plus du double de perte fur les foixante-douze pains longs de quatre livres, que fur tous ceux des deux autres fournées.

Lorfque nous difons que la cuiffon du pain eft à un degré convenable quand elle ne lui a fait perdre que la moitié de l'eau ou environ que la pâte contenoit, nous fuppofons qu'on a employé des farines sèches, d'une bonne qualité, qui boivent l'eau promptement, & qui ne tardent pas à prendre de la confiftance dès que la pâte devenue égale, a été battue par parties, & raffemblée enfuite en une feule maffe : il feroit difficile en effet d'adopter cette règle pour les farines qui auroient contracté de l'humidité & feroient imparfaites à d'autres égards ; elles pourroient même, par ces défauts, fe rapprocher en quelque forte de l'état des farines bifes qui, à caufe d'une portion de fon qui s'y trouve toujours mêlée, retiennent l'eau avec affez de ténacité lorfqu'elles font converties en pâte, & demandent à refter affez long-temps dans le four pour y parvenir au degré de cuiffon qu'exige le pain bis.

Après avoir rendu compte à l'Académie, dans la première

partie de ce Mémoire, de nos expériences fur la mouture des grains; après lui avoir expofé, dans la feconde, les détails relatifs aux opérations de la boulangerie , il ne nous refte, dans la troifième partie, qu'à établir le prix du pain, fans y comprendre d'abord les frais qu'il exige; à le fixer fur la valeur du blé & des produits de différentes qualités que nous avons obtenus; à y attacher enfuite ce qui eft dû au boulanger, tant pour la dépenfe à laquelle il eft tenu, que pour le bénéfice qu'il doit raifonnablement efpérer ; à rapprocher la valeur totale du pain, de celle qu'il a actuellement à Rochefort , en confidérant le prix des grains que l'on confomme dans cette Ville, la mefure d'après laquelle on s'y règle, la valeur des farines qu'on eft dans l'ufage d'y vendre, la quantité de livres de pain qu'on y retire d'une quantité déterminée de farine, la taxe qui s'y trouve établie, la bafe du tarif qu'on paroît y fuivre ; & en faifant enfin quelques obfervations, tant fur le tarif particulier de la Rochelle, dont les boulangers de Rochefort demandent l'exécution , que fur celui de cette dernière ville , fait en 1709, contre lequel réclament ces mêmes boulangers.

TROISIÈME PARTIE.

ON a vu que les fix fetiers de beau froment de 1781, ont produit par la mouture à la groffe 1071 livres de farine de différentes qualités; on fe rappelle que de cette quantité de farine nous en avons pris 660 livres pour la première opération de boulangerie, c'eft-à-dire, 310 livres de fleur de farine, 130 livres de bis-lanc, & 220 livres de farine bife ; elles n'ont rendu en total que 861 livres de pain, malgré l'excédant qu'on auroit dû y remarquer par l'addition des levains; d'après ces produits, les 1071 livres de farine, fi nous les euffions employées entièrement, en y ajoutant une quantité de levain proportionnée à celle que les 660 livres de farine ont reçue, n'auroient donné que 1397 livres 3 onces de pain ou environ; mais afin de nous moins éloigner

du produit plus avantageux que nous avons tiré, toute proportion gardée, de la feconde opération en boulangerie, on
peut porter celui-ci à 1400 livres de pain, & on verra bientôt
quelle eft la raifon qui nous engage, dans ce moment-ci,
à nous arrêter à cette quantité précife de pain que nous
fuppofons tirée des 1071 livres de farine.

Il feroit réfulté de l'emploi total de ces farines que nous
aurions obtenu

des 701 livres 8 onces de fleur de farine..   916 $\frac{1064}{1071}$ de pain.

des 136.... 8.... de bis-blanc......   178 $\frac{462}{1071}$.

des 233.... // .... de farine bife.....   304 $\frac{616}{1071}$.

1071.... //   1400.

Le froment de 1781, qui a fait la matière d'une de
nos expériences, a été acheté à Effonne, bourg fitué près
Corbeil, & à fix lieues de diftance de Paris; nous l'avons
payé fur les lieux 24^l 5^f par fetier pefant 242 livres;
nous nous contenterons de fuppofer que le fetier de ce b'é,
rendu à Paris, ne feroit revenu qu'à 24^l 10^f, parce qu'il eft
à préfumer qu'un boulanger de Paris qui auroit fait l'achat
de ce même blé pour fon commerce, l'auroit obtenu à un
prix un peu au-deffous de celui que nous en avons donné,
& auroit trouvé dans les 24^l 10^f par fetier, le montant
des frais de tranfport auxquels il auroit été tenu.

Dès-lors les fix fetiers de froment de la première qualité,
qui ont donné 1071 livres de farine, ont coûté en total
147^l, & les 1400 livres de pain que nous en avons retirées
font revenues chacune à 2^f $1^d \frac{1}{5}$, fans y comprendre encore
les frais de main-d'œuvre & le bénéfice du boulanger,
de manière que fans avoir égard pour ce moment-ci à ces
frais & à la qualité du pain,

Les   917 livres de pain blanc ont coûté.. 96^l 5^f $8^d\frac{2}{5}$.

Les   178.... de bis-blanc..........   18. 13. $9\frac{3}{5}$.

Et les   305.... de pain bis..........   32. // 6.

1400.   147. // //

(51)

Les boulangers de Rochefort achettent communément leurs blés à Marans, ville qui en eſt éloignée de huit à neuf lieues, & où il ſe fait un commerce conſidérable en grains & en farines. Le prix du froment, ſuivant les certificats en forme qui ont été tirés de Marans, eſt aujourd'hui de 5ˡ par boiſſeau de cette même ville; il contient en froment d'une bonne qualité, 51 à 53 livres; nous ſuppoſerons qu'il en contient 51 livres$\frac{7}{8}$, & dans ce cas, nous verrons que 28 boiſſeaux de Marans répondent à 6 ſetiers de Paris.

La charge de farine nommée *fin minot*, & qui eſt compoſée de deux ſacs du poids chacun de 230 livres, vaut à Marans, ſuivant les mêmes certificats, 38 à 39ˡ, & par un prix moyen, 38ˡ 10ᶠ.

Les boulangers de Rochefort aſſurent qu'il leur en coûte 1ˡ 13ᶠ, tant pour quelques frais indiſpenſables que pour le tranſport d'une charge de farine de Marans à Rochefort, ce qui fait monter le prix de ces 260 livres de farine, avant que d'être employées, à 40ˡ 3ᶠ.

Il y a également des frais proportionnels à faire pour le tranſport des blés qu'ils achettent à Marans; ces frais, en les ſuppoſant de 5ᶠ par boiſſeau, iroient à 7ˡ pour les 28 boiſ-ſeaux, & ſeroient à peu-près pareils à ceux qu'occaſionne le tranſport de quatre charges un huitième ou environ de farine, leſquelles répondent en total au produit en farine qu'on peut tirer de 28 boiſſeaux de froment.

Ces 28 boiſſeaux de froment, d'une bonne qualité, valant chacun 5ˡ 5ᶠ, y compris les frais de tranſport, auront donc coûté, rendus à Rochefort, 147ˡ; ils produiront 1071 livres de farine, dont on tirera, en corrigeant le Tarif de 1700, 1400 livres de pain, comme des 6 ſetiers de Paris, & la livre de pain coûtera intrinſéquement 2ᶠ 1ᵈ$\frac{1}{5}$.

Quatre charges de farine priſes à Marans, & auxquelles on ajoutera 31 livres de farine de la même qualité, pour établir une comparaiſon exacte, coûteront, ſur le pied de 40ˡ 3ᶠ la charge, la ſomme de 165ˡ 7ᶠ 7ᵈ: elles contiendront, comme les 6 ſetiers de Paris & les 28 boiſſeaux de Marans,

1071 livres de farine, & donneront 1400 livres de pain, si on abandonne sur ce point particulier le Tarif de 1700. Mais la livre de pain sortie de ces farines de *fin minot*, sera intrinséquement plus chère que celle dont on vient de déterminer le prix, comme sortie des farines blanches & bifes: cette livre de pain tirée indistinctement du *fin minot*, ira à 28 deniers $\frac{1}{3}$.

Il est essentiel d'observer que le prix de la livre de pain tirée du *fin minot*, ayant été une fois fixé, ce prix sera toujours le même pour toutes les livres de pain que fournira le *fin minot*, comme farine de la première qualité, & absolument égale dans le produit en pain que rendra la totalité de deux ou de plusieurs sacs.

Mais il n'en sera pas ainsi du prix de la livre de pain qu'on établira d'après la valeur du froment en nature, & duquel il sort des farines de différentes qualités.

Nous avons commencé d'abord, il est vrai, par fixer le prix de la livre de pain, relativement à une quantité déterminée de farine, & en la regardant pour un moment comme parfaitement égale en qualité, & donnant une certaine quantité de livres de pain de la même valeur.

Mais nous la considérerons bientôt comme pouvant être partagée en trois classes pour la qualité, & comme propre par-là à fournir trois sortes de pain d'un prix inégal. On verra par cette distribution de la valeur du pain, la quantité de deniers par livre dont on décharge le pain de la seconde qualité, & celui qu'on nomme *bis*, pour rejeter sur le pain blanc l'excédant de valeur qu'avoient les deux autres, & que les gens aisés ne feront pas surpris de supporter, au soulagement du bas peuple, sur la valeur plus forte, mais toujours juste, du pain plus délicat qu'ils consommeront.

C'est cette valeur plus forte qui se trouve attachée à tout le pain tiré de la farine de *fin minot*, & qu'on vient de voir portée à 2^{f}4^d$\frac{1}{3}$ par livre de pain, sans y comprendre encore les frais de manutention.

Nous avons dit qu'il y avoit un point particulier sur lequel

il

(53)

il paroiſſoit convenable de s'écarter du tarif de la Rochelle,
fait en 1700, & de celui de 1703, établi ſur le même
principe à Rochefort: voici ſur quoi porte notre obſervation.
Le tarif de 1700 ſuppoſe qu'on ne tire des 260 livres de
farine contenues dans la charge ou les deux ſacs, que
320 livres de pain, & accorde aux boulangers pour leurs
frais 6ˡ par charge de farine de *fin minot*, & même de *gros
minot*, c'eſt-à-dire 4ᵈ ½ par livre de pain, quel que ſoit le
prix des deux ſacs de farine; on voit en effet à l'article de
ce tarif qui concerne le *fin minot*, que lorſque les deux
ſacs de cette farine de la première qualité ne coûteront
que 10ˡ, & qu'on aura joint à cette ſomme celle de 6ˡ pour
les frais de cuiſſon, la livre de pain ſera fixée à 1ˢ, & qu'elle
ſera réglée ſur le pied de 3ˢ lorſque le prix des deux ſacs
ſera monté à 48ˡ, y compris les 6ˡ pour les frais de main-
d'œuvre: il eſt évident que 320ˢ ſont équivalens aux 10ˡ,
prix des deux ſacs de farine, jointes aux 6ˡ pour frais &
bénéfice, comme trois cents vingt fois trois ſous repréſentent
les 48ˡ dont il vient d'être queſtion.

Et comme d'un autre côté 6 livres contiennent 1440ᵈ,
il en réſulte que cette dernière quantité diviſée par 320 livres
de pain, donne aux boulangers quatre deniers & demi par
livre de pain: cette explication devenoit néceſſaire pour
développer le tarif de 1700, & ſéparer, dans la valeur d'une
ſeule livre de pain, ce qui dépend du prix de la farine
d'avec ce qui appartient uniquement aux frais de mani-
pulation.

On tireroit aujourd'hui, d'après le travail courant des
boulangers, 340 livres de pain des deux ſacs de minot
peſant 260 livres, tandis que 320 livres de pain ſeulement,
comme tirées auſſi de 260 livres de farine, forment, ainſi
qu'on l'a vu, une des baſes principales du tarif de 1700,
& y ſervent de point fixe d'où partent tous les calculs: mais
on pourroit préſumer que ceux qui ont préſidé à la confection
de ce tarif n'ont compté, en connoiſſance de cauſe, que ſur
le débit de 320 livres de pain, en veillant au poids de

H

ce même pain, & en laiſſant une once de plus ſur chaque livre, afin que le peuple n'eût pas lieu de ſe plaindre à l'égard du poids, & que les boulangers n'euſſent aucun prétexte pour ne pas tenir le pain dans le poids preſcrit : on voit effectivement que 320 onces compoſent les 20 livres de plus ſur leſquelles les boulangers de Paris compteroient, ou à peu-près. On ne ſauroit aſſurer que les auteurs du tarif de 1700 aient eu les vues que nous leur ſuppoſons ici, mais il eſt aſſez ſingulier que l'excédant dont nous parlons, établiſſe une répartition juſte d'une once ſur chaque livre de pain ; s'il s'agiſſoit de la mouture des blés, nous ne ferions pas ſurpris que les produits en farine euſſent été, en 1700, inférieurs à ceux qu'on retire aujourd'hui, & qu'on obtient en mettant dans cette opération une intelligence dont il paroît qu'on ne ſe piquoit pas autrefois ; mais il eſt queſtion de l'emploi des farines de la première qualité, ſur lequel il ne doit y avoir que peu de variation, encore dépend-elle moins de la quantité d'eau introduite dans la pâte, & dont le pain doit retenir les $\frac{5}{21}$, que de la conduite du four & de la cuiſſon de ce même pain.

Si, comme nous ſommes fondés à le croire, les boulangers de Rochefort tirent aujourd'hui 340 livres de pain des 260 livres de farine, tant de fin que de gros minot, alors, d'après le tarif de 1700 qui leur accorde ſix livres de frais de main-d'œuvre pour l'emploi de cette quantité de farine, ils n'auroient que quatre deniers $\frac{4}{17}$ pour chaque livre de pain, au lieu de quatre deniers $\frac{1}{2}$, puiſque les ſix livres ou quatorze cents quarante deniers feroient répartis ſur 340 livres de pain, au lieu de 320 livres.

Nous n'avons inſiſté ſur le tarif de la Rochelle, fait en 1700, lequel cadre avec celui de Rochefort adopté en 1703, & auquel on a dérogé en 1709 dans cette dernière ville, que parce qu'il en eſt queſtion particulièrement dans la conteſtation ſoumiſe à la déciſion du Parlement ; parce qu'il eſt comme le pivot ſur lequel roule la difficulté ; &

(55)

auſſi par la raiſon eſſentielle que ce tarif préſente une baſe fixe pour aſſeoir la taxe du pain.

On jugera même de l'utilité dont il étoit de le bien connoître & de s'en écarter ſur un des points eſſentiels, en voyant que d'après ce tarif nous n'aurions compté que ſur 1318 livres $\frac{2}{13}$ de pain, pour les 1071 livres de farine que les 1452 de blé ont rendues, au lieu de 1400 livres de pain que nous admettons comme ſorties de cette même quantité de farine, & donnant par conſéquent 81 livres $\frac{11}{13}$ de pain au-delà de la quantité qui auroit été indiquée par ce tarif, ſuivant la proportion de 260 livres de farine pour 320 livres de pain : & on ſent d'ailleurs que par cette augmentation ſur le produit en pain, la valeur intrinsèque de chaque livre ne ſe trouve que de deux ſous un denier $\frac{1}{5}$, tandis qu'elle ſeroit de près de vingt-ſept deniers s'il ne falloit compter pour 1071 livres de farine, que ſur 1318 de pain.

Nous avons dit que la valeur intrinsèque des 1400 livres de pain étoit de. 147^l $''^f$ $''^d$
Si on ajoute à cette ſomme le montant entier des frais ſur le pied de 4^d $\frac{1}{4}$ par livre, il ſera de . . . . 24. 15. 10.

& on aura pour le total de la valeur du pain. . 171. 15. 10.

Chaque livre de pain conſidérée ſans aucune diſtinction pour la qualité, reviendra donc à 2^f 5^d $\frac{9}{20}$.

Mais il faut avoir égard actuellement aux trois ſortes de pain qui doivent réſulter des farines de trois qualités différentes que nous avons obtenues des ſix ſetiers de froment, meſure de Paris, ou qu'on peut retirer de 28 boiſſeaux de blé pareil, à la meſure de Marans.

On peut ſe rappeler que des 1400 livres de pain tirées des 1071 livres de farine, il y en avoit 917 livres de la première qualité, 178 livres de la ſeconde, que nous avons déſignées ſous le nom de *bis-blanc*, & 305 livres qui ſont de la dernière qualité, connue ſous le nom de *pain bis*. Suivant

H ij

les affiches publiques de Rochefort que nous avons fous les yeux, & où la livre des trois fortes de pain qu'on eſt dans l'uſage d'y débiter, ſe trouve taxée régulièrement, on y voit qu'elle roule ſur les trois prix que voici: la livre de pain de la première qualité ou de *fin minot* eſt portée à $2^f\,7^d$; celle de la ſeconde qualité ou de *froment à ſa fleur* eſt fixée à $2^f\,2^d$, & enfin celle de pain bis ou de *meture* n'eſt miſe qu'à $1^f\,5^d$. La conteſtation qui s'eſt élevée à Rochefort étant principalement l'objet de notre travail, nous conferverons, dans la détermination du prix de la livre des trois fortes de pain, la taxe qui s'y trouve établie dans ce moment-ci pour le prix du pain des deux dernières qualités, ſauf à rejeter ſur la valeur du pain de la première ce qui ſera retranché ſur celle du pain des deux qualités inférieures.

Les 305 livres de pain bis qui font partie des 1400 livres, & dont nous venons de parler, avoient été confidérées dans le premier moment & par un calcul fait ſans aucune diſtinction pour la qualité du pain, comme valant chacune $2^f\,5^d\,\frac{9}{20}$: mais il faut actuellement que chaque livre de ce pain bis ſoit réduite à $1^f\,5^d$, & déchargée en conféquence de $1^f\,\frac{9}{20}$; dès-lors les 305 livres de pain bis ne vaudront plus en total que . . . . $21^l\,12^f\,1^d$

Les 178 livres de bis-blanc portées d'abord comme toutes les autres à $2^f\,5^d\,\frac{9}{20}$ chacune, étant réduites à $2^f\,2^d$, ſe trouveront déchargées chacune par conféquent de $3^d\,\frac{9}{20}$, & leur prix total ne ſera plus que de . . . . . 19. 5. 8.

Le prix entier de 1400 livres de pain, en y comprenant les frais de main-d'œuvre, a été porté, comme on a vu, à $171^l\,15^f\,10^d$; il faut donc que les 917 livres de pain de la première qualité, qui n'avoient été eſtimées d'abord que ſur le pied de $2^f\,5^d\,\frac{9}{20}$, le ſoient ſur le pied de $2^f\,10^d\,\frac{1}{4}$ ou environ, pour couvrir les diminutions qui ont été faites ſur le pain des deux qualités inférieures, 40. 17. 9.

ci-contre . . . . 40^l 17^f 9^d

& vaillent en total . . . . 130. 18. 1.

$$171^l \quad 15^f \quad 10^d$$

Nous aurons lieu de revenir fur ce prix de 2^f 10^d $\frac{1}{4}$ pour la livre de pain de la première qualité, qui fe trouve ainfi déterminée par l'augmentation qu'elle fupporte en conféquence du plus ou moins de diminution que l'on fait fur la valeur du pain d'une qualité inférieure.

Les 673 livres de farines différentes, y compris celle des levains que nous avons employées dans le fecond effai en boulangerie, ont donné, comme on a vu, 881 livres de pain : d'après ce produit affez avantageux, nous en aurions obtenu 1305 livres fi nous euffions fait ufage des 997 livres de farines différentes qui font forties des 6 fetiers de blé de 1782 par la mouture à la groffe, & que nous avons diftinguées par leur qualité :

Les 685 livres de fleur de farine auroient
donné en effet . . . . 897 livres de pain.
Les 162 . . . . . de bis-blanc en auroient rendu 212.
Et des 150 . . . . . de farine bife, on en auroit tiré 196.

997.   1305.

La valeur de ces 6 fetiers de blé rendus à Paris, feroit de 135^l, fur le pied de 22^l 10^f le fetier, & le prix de chaque livre de pain, non compris les frais de main-d'œuvre, iroit à 24^d $\frac{4}{5}$, ou environ : fi on joint 23^l 2^f 2^d, qui forment la totalité des frais de cuiffon pour ces 1305 livres de pain, au prix des fix fetiers de froment, la fomme de 135^l fe trouvera portée à 158^l 2^f 2^d, & le prix de la livre de pain, fans diftinction de qualité, montera à 2^f 5^d $\frac{1}{20}$, & un peu plus : le calcul que nous faifons ici peut être appliqué fur le champ à 28 boiffeaux de froment médiocre, tel que celui de 1782 qu'on auroit pris à Marans, fur le pied de 4^l 11^f 5^d $\frac{1}{7}$ le boiffeau, & qu'on feroit tranfporter à Rochefort, en payant pour ces frais 5^f par boiffeau ; alors ces 28 boiffeaux reviendroient à 135^l comme les 6 fetiers de Paris, &

coûteroient 12ˡ de moins fur la totalité, que 28 autres boiffeaux de froment d'une bonne qualité, comme les 6 fetiers de froment médiocre, ont coûté 12ˡ de moins que 6 autres fetiers de beau froment, tel que celui de 1781 ; ainfi ce qui nous refte de calculs à expofer pour la taxe des 1305 livres de pain obtenues des 6 fetiers de blé médiocre, fera entièrement applicable aux 28 boiffeaux de blé pareil pris à Marans, & conduira à un réfultat commun.

On a vu plus haut que dans ces 1305 livres de pain, il y en avoit 897 livres qui provenoient de la fleur de farine, 212 livres de la farine de bis-blanc, & 196 livres de la farine bife : on a obfervé encore que chacune de ces livres de pain prife en général & fans aucun égard à fa qualité, valoit 2ᶠ 5ᵈ $\frac{1}{20}$. Il n'eft donc plus queftion que de fuivre la marche que nous avons déjà tenue, de décharger les deux dernières fortes de pain de l'excédant de valeur qu'on y remarque, pour le faire retomber fur la totalité des pains de la première qualité ; de réduire la livre de bis-blanc à 2ᶠ 2ᵈ, & celle de pain bis à 1ᶠ 5ᵈ ; alors les 212 livres de bis-blanc à 2ᶠ 2ᵈ, ne vaudront plus que 22ˡ 19ᶠ 4ᵈ
& les 196 livres de pain bis à 1ᶠ 5ᵈ, ne vaudront plus que . . . . 13. 17. 8.
$$\overline{}$$
36. 17. ⫫

Si du prix du blé joint aux frais de main-d'œuvre, lequel monte à 158ˡ 2ᶠ 2ᵈ, on déduit ces 36ˡ 17ᶠ, il reftera . . . . 121. 5. 2.
$$\overline{}$$
158. 2. 2.

Et on verra que les 897 livres de pain de la première qualité vaudront réellement cette fomme de 121ˡ 5ᶠ 2ᵈ, fur le pied de 2ᶠ 8ᵈ $\frac{9}{20}$, ou à très-peu de chofe près, la livre. La quantité de deniers en effet dont on aura déchargé le prix des pains des deux dernières qualités, eft de 3008ᵈ $\frac{8}{20}$, cette quantité de deniers étant repartie fur les 897 livres de pain de la première qualité, forme une augmentation sur chacune d'elles, de 3 deniers $\frac{8}{20}$ ou environ, & fait monter par conséquent, comme nous venons de le dire, le prix de la livre du plus beau pain, tous frais faits, à 2^f 8^d $\frac{9}{20}$.

On peut se rappeler que dans le compte que nous avons rendu de la première expérience en boulangerie, pour asseoir la taxe du pain, nous avons dit que quatre charges de farine de *fin minot*, auxquelles on ajouteroit 31 livres de farine de la même qualité, qui seroient achetées à Marans & transportées à Rochefort, reviendroient au prix de 165^l 7^f 7^d; que leur poids total seroit de 1071 livres, & qu'elles donneroient 1400 livres de pain, toutes de la première qualité, dont le prix intrinsèque, pour chaque livre seroit de 28^d $\frac{1}{3}$; si on ajoute actuellement 4^d $\frac{1}{4}$ pour les frais de main-d'œuvre à ce prix de la livre de pain tirée du *fin minot*, elle montera à 32^d $\frac{7}{12}$, c'est-à-dire qu'elle se trouvera au même prix à peu-près que la livre de pain de la première qualité que nous venons de voir portée à 32^d $\frac{9}{20}$, comme sortie des 897 livres de pain dont le prix a reçu une augmentation par un rejet de 3^d $\frac{8}{20}$ sur chacune de ces 897 livres; augmentation qui n'a eu lieu, comme on l'a observé, que parce qu'on a réduit le pain bis-blanc à 2^f 2^d la livre, & le pain bis à 1^f 5^d.

On voit donc ici que la livre de pain que nous avons tirée des plus belles farines du blé de 1782, par le moyen de la mouture à la grosse, & qui se trouve portée à un prix assez haut à la décharge des deux sortes de pain d'une qualité inférieure, on voit qu'elle peut être assimilée, & pour le prix & pour la qualité, à une autre livre de pain tirée de la farine de *fin minot*, telle qu'on l'achette en sacs à Marans; qu'on n'a pas besoin, à la rigueur, de prendre pour base de la taxe du pain, comme on fait à Rochefort, la valeur de cette farine de *fin minot*; qu'il ne s'agit, comme dans nos expériences, que de connoître le prix du blé, la quantité de livres qu'en contient la mesure dont on se sert, le produit en farines différentes qu'on obtient de ce blé , la quantité de pain qu'elles rendent , les frais de main-d'œuvre que les lieux & la vente, plus ou moins confidérable, peuvent exiger , les fortes de pain dont le débit eft en ufage ; qu'il n'eft queftion enfin , avec ces connoiffances préliminaires, que de régler le prix du pain avec toute l'équité qu'exigent les avances du boulanger & le bénéfice honnête qui lui eft dû, en faifant retomber fur le pain le plus délicat ce qu'on retranche au prix de celui que le peuple confomme.

Qu'on fuppofe, par exemple, que le boiffeau de quelque ville de Province contienne 40 livres de froment d'une bonne qualité , & vaille 4ˡ 3ˢ 4ᵈ ; fi on fait un effai fur 14 de ces boiffeaux qui peferont en total 560 livres, & auront coûté 58ˡ 6ˢ 8ᵈ, on pourra en tirer, par une mouture bien conduite, 420 livres de farines différentes, & 551 livres de pain ou environ , par une opération de boulangerie où aucun des foins qu'elle demande n'aura été négligé.

Dans cette quantité de pain il y en aura d'abord 420 livres de la première qualité, & 131 livres de la feconde, fi on fe borne à ne faire du pain que de deux fortes, afin que celui-ci qui fera bien inférieur au premier, foit au moins meilleur que le pain bis ; ou fi l'ufage du pays eft de faire du pain de trois qualités différentes, on aura toujours les 420 livres de pain blanc, on pourra en fuppofer 61 livres de bis-blanc & 70 livres en bis proprement dit.

Le montant des frais de main-d'œuvre pour ces 551 livres de pain ira, fur le pied de 4ᵈ¼, à 9ˡ 15ˢ 2ᵈ, cette fomme jointe à celle de 58ˡ 6ˢ 8ᵈ, qui eft le prix des 14 boiffeaux de blé, donnera un total de 68ˡ 1ˢ 10ᵈ, & chacune des 551ˡ de pain eftimée fans aucun égard à fa qualité, reviendra à 2ˢ 5ᵈ $\frac{368}{551}$.

Mais il faut faire rentrer les parties différentes de cette quantité de pain dans les prix qui leur conviennent, & décharger les unes de l'excédant de valeur qui s'y trouvoit attaché par un premier calcul, pour l'appliquer à une autre partie qui étoit au-deffous de fon jufte prix.

Nous

Nous commencerons par supposer qu'on tirera trois sortes de pain des 420 livres de farine obtenues des 14 boisseaux de blé; qu'il y en aura 61 livres en pain nommé *bis-blanc*, 70 livres en pain bis, & le reste en pain de la première qualité: les 61 livres mises à $2^f\ 2^d$ la livre, comme nous l'avons déjà fait pour du pain de cette même qualité, vaudront en total & en y comprenant les frais, $6^l\ 12^f\ 2^d$
Et les 70 livres de pain bis réglées sur le pied de $1^f\ 6^d$ la livre, vaudront . . . . $5.\ 5.\ {/\!/}$

$$11.\ 17.\ 2.$$

Il faudra donc que les 420 livres de pain blanc dont il reste à établir le prix, vaillent, $56.\ 4\ 8.$

Pour compléter le total du prix du blé & des frais de main-d'œuvre montant à . . . . . $68.\ 1.\ 10.$

Et on verra qu'en portant chacune des 420 livres de pain blanc à $2^f\ 8^d\ \frac{1}{8}$, ou à très-peu-près, on composera cette somme de $56^l\ 4^f\ 8^d$; on aura fixé pour les trois sortes de pain des valeurs convenables & proportionnées, autant qu'il est possible, à la qualité des farines qu'on aura employées.

Dans le cas où l'on se borneroit à ne tirer de ces 420 livres de farine que deux sortes de pain, alors les 131 livres tant de pain bis-blanc que de pain bis, n'en composeroient, en même quantité, que d'une seule sorte; & chaque livre de ce pain, qui, pour la qualité, tiendroit le milieu entre le bis-blanc & le bis proprement dit, vaudroit $1^f\ 9^d\ \frac{3}{4}$.

On a observé sans doute que par le calcul que nous venons de présenter, nous avons soustrait du prix de chacune des 61 livres de pain bis-blanc $3^d\ \frac{363}{551}$, & $11^d\ \frac{363}{551}$ des 70^l de pain bis; d'où il est résulté un total de 1040 deniers ou à peu-près, qui, répartis sur les 420 livres de pain blanc, ont produit sur chacune d'elles une augmentation de $2^d\ \frac{1}{2}$ ou environ.

C'est ainsi qu'après avoir établi la valeur totale d'une

I

quantité déterminée de livres de pain, après en avoir fait
fur chaque livre une répartition exacte, on réduit enfuite à
un prix très-jufte & favorable au peuple, le pain dont il fe
nourrit, & on réferve toujours la totalité du pain le plus
délicat pour y accumuler jufqu'à un certain point, & fuivant
les circonftances, l'excédant de valeur dont les deux fortes de
pain d'une qualité inférieure ont été déchargées, & l'ont été par
une eftimation bien exacte du prix des farines, ou au moins
par des vues louables auxquelles un citoyen dans l'aifance, &
fenfible aux befoins du peuple, ne refufera jamais de fe prêter.

Il femble qu'en fuivant une pareille marche pour affeoir
la taxe du pain, il feroit poffible de la régler d'une manière
affez conftante, d'écarter tout arbitraire dans cette opération
effentielle, & d'en rendre les principes fi évidens, que ni
le public qui fe plaint quelquefois parce qu'il n'eft pas affez
inftruit à ce fujet, ni les boulangers toujours inftruits, mais
toujours enclins à demander quelque augmentation, ne pourroient pas ignorer les bafes fur lefquelles on auroit établi la
taxe, & ne réclameroient tout au plus que contre quelqu'une
de ces bafes, telle, par exemple, que la valeur du blé pour
le moment, mais qui bientôt, à l'infpection du prix des
grains infcrit avec foin les jours de marchés, ou feroient
écoutés favorablement dans leurs repréfentations, ou verroient
avec évidence qu'ils les ont faites fans fondement.

On a fans doute remarqué dans le détail de la première
expérience en boulangerie, que chacune des 917 livres de
pain de la première qualité, qui faifoient partie des 1400
livres relatives à cette même expérience, revenoit, tous
frais faits, à . . . . 2^f 10^d $\frac{4}{20}$.
Pendant que chacune des 897 livres de pain
d'une qualité pareille, & qui faifoient partie
auffi des 1305 livres relatives à la feconde expé-
rience, ne valoit que . . . . 2. 8. $\frac{9}{10}$,
& que par conféquent il fe trouvoit une diffé-
rence de 1^d $\frac{15}{20}$ dans le prix de ces deux livres
de pain, quoique pareille pour la qualité. $\qquad$ $\frac{}{}$ // 1. $\frac{15}{20}$

(63)

Mais il faut faire attention d'abord que le produit en pain, dans la première expérience, a été moins avantageux, toute proportion gardée, par un peu trop de cuisson, que dans la seconde.

Il faut se rappeler ensuite que le prix intrinsèque de chacune des 1400 livres de pain de différente qualité, relatives à la première expérience, est monté à . . . . 2^f 1^d $\frac{4}{20}$, au lieu que la valeur intrinsèque de chacune des livres de pain qui sortoient des 1305 livres obtenues dans la deuxième expérience, n'a été qu'à 2. // $\frac{16}{20}$,

c'est-à-dire, à $\frac{8}{20}$ de denier de moins . . . . // // $\frac{8}{20}$.

Il est encore nécessaire d'observer qu'il y a eu plus de pain bis, toute proportion gardée, dans les 1400 livres relatives à la première expérience, qu'il ne s'en est trouvé dans les 1305 livres du second essai ; que cette plus grande quantité de pain inférieur, & réduit à un bas prix, a occasionné un rejet sur le pain blanc de la première expérience de 1^d $\frac{7}{20}$ plus fort par livre qu'il ne l'a été sur le pain blanc du second essai, & que cet excédant de 1^d $\frac{7}{20}$, joint aux $\frac{8}{20}$ établis plus haut, ont formé les 1^d $\frac{15}{20}$ dont la livre de pain blanc de la première expérience se trouve plus chargée que celle du pain absolument pareil que nous avons obtenue dans le second essai : cette explication nous a paru d'autant plus nécessaire qu'on ne saisit pas d'abord la raison d'une différence sur le prix du pain blanc sorti de nos essais, qui est le même absolument quant à la qualité qui appartient aux farines du même ordre, & auquel il sembleroit dès-lors qu'on auroit dû attacher une valeur égale.

Il résulte de tous les détails que nous venons d'exposer, 1.° que les six setiers de beau froment de 1781, pesant ensemble 1452 livres, ont donné en toutes farines par la mouture économique, 1096 livres, c'est-à-dire 7 livres au-delà des trois quarts de la quantité de blé employée ; les trois quarts, en effet, n'auroient été qu'à 1089 livres ; chaque fetier a donc rendu $1\frac{1}{6}$ de plus en farine qu'il n'y en auroit eu fur le pied des trois quarts.

Il réfulte en fecond lieu que les fix fetiers de blé médiocre de 1782, pefant enfemble 1375 livres 12 onces, n'ont donné par la même mouture que 1014 livres de farine, c'eft-à-dire 17 livres 13 onces de moins qu'on n'en auroit tiré, fur le pied des trois quarts du blé employé, puifque ces trois quarts de produit en toutes farines auroient été à 1031 livres 13 onces.

Troifièmement, que par la mouture à la groffe, fix autres fetiers du même blé de 1781, pefant également 1452 livres, n'ont donné en toutes farines que 1071 livres, c'eft-à-dire 18 livres de moins qu'on n'en auroit retiré fur le pied des trois quarts de la quantité de blé employée, puifqu'on vient de voir que ces trois quarts alloient à 1089 livres.

Quatrièmement, que fix fetiers de blé médiocre de 1782, pefant enfemble 1375 livres 12 onces, n'ont rendu par la même mouture à la groffe que 997 livres en toutes farines, c'eft-à-dire 34 livres 13 onces de moins qu'on n'en auroit retiré, fur le pied des trois quarts de la quantité de blé employée, puifque ces trois quarts auroient été, comme on a vu plus haut, de 1031 livres 13 onces.

Dès-lors on remarque d'abord que la mouture économique a un avantage fenfible & foutenu fur la mouture à la groffe, tant pour le produit en farines, que pour la diftinction de leurs qualités différentes, & une féparation plus exacte du fon, dans la fleur de farine & dans le premier gruau ; & cet avantage auroit été plus marqué fans doute, fi nous n'euffions pas été attentifs à tirer de la mouture à la groffe tout le parti qu'il eft poffible d'en efpérer, en confervant toujours aux trois fortes de farine qu'elle peut donner, leurs qualités particulières & le degré de blancheur qui les diftingue.

On voit enfuite qu'une quantité déterminée de livres de blé médiocre & imparfait à quelques égards, n'offre pas la même reffource pour le produit en farine, qu'une quantité pareille de livres de blé d'élite & bien nourri, tel que celui

de 1781 que nous avons employé: on a obfervé en effet,
que les 1375 livres 12 onces de blé médiocre de 1782,
n'ont donné, en toutes farines, par la mouture économique,
que 1014 livres, tandis qu'une même quantité de blé d'une
bonne qualité, tel que celui de 1781, en auroit rendu par
la même mouture, & fur le pied des trois quarts en farine,
la quantité de 1031 livres 13 onces, & même cinq ou fix
livres au-delà, par proportion à la quantité de 1096 livres
de farine que nous avons obtenues par la même mouture
économique, des 1452 livres de blé choifi de 1781.

L'obfervation que nous venons de faire a lieu encore fur
les produits de la mouture à la groffe; il eft vrai que par
cette mouture les 1452 livres de beau blé n'ont rendu que
1071 livres de farine, c'eft-à-dire 18 livres de moins
qu'elles n'en auroient rendu fur le pied des trois quarts en
farine de cette quantité de blé ; mais les 1375 livres 12 onces
de blé médiocre n'ont donné par cette même mouture, que
997 livres de farine, c'eft-à-dire 34 livres 13 onces de
moins qu'on n'en auroit tiré fur le pied également des trois
quarts en farine, de la quantité des grains employés.

On voit par cette obfervation à laquelle les deux méthodes
de moudre les grains ont donné lieu, que le moins de
pefanteur qu'on remarque dans une mefure quelconque de
blé, tombe plutôt fur les parties farineufes du grain que fur
fon écorce qui peut fe trouver à peu-près la même dans du
froment médiocre que dans d'autre de la meilleure qualité;
qui doit même être plus multipliée, à raifon d'une plus
grande quantité de grains dans 240 livres du premier, par
exemple, que dans 240 livres du fecond; tandis qu'il eft
certain que celui-ci, le blé de la meilleure qualité, tire fon
augmentation de poids d'une plus grande abondance en
parties farineufes , & femble devoir rendre moins de fon
dans la mouture que celui où la farine eft en moindre
quantité ; & cela prouve par des faits, comme nous l'avons
déjà dit, qu'en général dans l'achat des grains , ceux qui
font de la meilleure qualité, & par conféquent plus chers ,

dédommagent communément, par leur produit en belles farines, du prix plus fort qu'on en a donné, & procurent plus de bénéfice par la qualité du pain & la quantité, qu'il n'en feroit réfulté de grains médiocres & achetés moins cher.

Si on veut avoir le produit réuni, tant des fix fetiers du blé de 1781, que des fix autres de 1782, on verra que ces deux quantités montent enfemble à 2827 livres 12 onces de blé d'une qualité moyenne ; qu'elles n'ont donné que 2110 livres de farine par la mouture économique, c'eft-à-dire, 10 livres 13 onces au-deffous des trois quarts de la quantité de blé employée. On obfervera encore que d'une même quantité de blé pareil, il n'eft réfulté, par la mouture à la groffe, que 2068 livres de farine, c'eft-à-dire, 52 livres 13 onces de moins qu'il n'y en auroit eu par le produit des trois quarts du blé mis en expérience.

On remarquera en même-temps que fi on eût converti en pain les 2110 livres de farine obtenues par la mouture économique, & que l'augmentation de poids fe fût trouvée au fortir du four qu'on auroit bien conduit, de $\frac{5}{16}$ au-delà de la quantité de farine, on auroit eu 2769 livres 6 onces de pain ; au lieu que les 2068 livres de farine forties de la mouture à la groffe, n'auroient donné en pain, d'après nos deux expériences, que 2705 livres ; c'eft-à-dire, 9 livres 4 onces au-deffous de la quantité qu'on en auroit tirée fur le pied de l'augmentation de $\frac{5}{16}$ fur la farine employée.

Tous ces détails nous ont paru néceffaires pour juger à peu-près des produits auxquels on doit s'attendre dans un travail courant, foit relativement à la qualité des blés qu'on emploie, à la méthode de moudre les grains qu'on adopte, & à la quantité de farines différentes qu'on en retire ; foit à l'égard du produit en pain qu'on peut efpérer de l'emploi de ces farines, des variations qu'on remarque dans ce produit, par des caufes qu'il eft difficile d'écarter ; foit enfin à l'égard du prix qu'on doit affigner au pain, en confidérant tous ces points réunis, & en adoptant une bafe pour la taxe qui ne foit prife, ni dans des opérations parfaites dans les deux arts de la Meunerie & de la Boulangerie, ni dans des opérations défectueuses jufqu'à un certain point , & qui s'éloignent un peu trop du degré de perfection dont ces deux Arts font fufceptibles.

L'application du réfultat de nos expériences, & des obfervations qui en font la fuite , devant être faite au fond de la conteftation qui s'eft élevée à Rochefort fur la taxe du pain , & notamment fur l'eflai qu'on y a fait en vertu d'un arrêt du Parlement , il convient que nous rapellions ici les tarifs connus depuis long-temps dans cette Ville , & que nous rapprochions les produits de nos expériences, de ceux qu'on a obtenus dans l'eflai que le Parlement avoit ordonné.

Nous avons déjà eu occafion de parler du tarif de la Rochelle établi en 1700, qui , fur deux facs de farine de fin ou gros minot, accorde 6^l aux boulangers pour les frais de main - d'œuvre , c'eft-à dire , 4 deniers $\frac{1}{2}$ par livre de pain , parce qu'il eft fuppofé par ce tarif, qu'on ne tire des 260 livres de farine que 320 livres de pain , au lieu de 340 livres qu'il eft poffible d'en obtenir ; c'eft ce tarif dont les boulangers de Rochefort demandent l'exécution, & à laquelle paroiffent fe refufer les Officiers de Police de cette Ville.

Le tarif de 1703 , adopté à Rochefort eft au fond le même que celui de 1700 , établi à la Rochelle , & ne demande aucune obfervation effentielle qui ne foit commune à tous les deux.

Mais il n'en eft pas ainfi du tarif du 5 Avril 1709, qui fut réformé à Rochefort, & qui le fut par le Lieutenant général de Police même qui l'avoit rédigé en 1703.

La fentence de Police où eft la claufe qui déroge au tarif de 1703, avoit pour objet d'arrêter les abus que commettoient les boulangers dans un temps de difette, foit relativement aux farines d'une mauvaife qualité dont ils faifoient ufage, foit à l'égard du poids du pain & de la forme inufitée qu'ils lui donnoient : ce n'eft qu'à la fuite de ce premier motif de la fentence qu'il eſt queſtion de la réforme du tarif du 18 Avril 1703, & que le Magiſtrat qui l'a rendue, s'exprime dans les termes que voici :

« Et ſur les remontrances qui nous ont été faites que le
» tarif pour la livre de pain de chaque eſpèce, relativement
» à celui des farines, étoit trop fort, nous en avons fait faire
» un calcul nouveau en notre préſence, & calculé nous-mêmes
» à combien elle doit revenir, par lequel on nous a fait re-
» marquer, & nous avons reconnu par nous-mêmes qu'il y avoit
» eu de l'erreur de deux deniers par chaque livre qui ont
» été fixées à trop haut prix, la peine, la dépenſe & la façon
» du boulanger préalablement déduites & précomptées; ainſi
» en rendant à chacun la juſtice qui lui eſt dûe, & pour l'intérêt
» public, corrigeant ledit tarif du 18 Avril 1703, Nous
» ordonnons que la livre de pain de chaque eſpèce demeurera
» réduite & modérée à deux deniers au-deſſous de ce qui eſt
» porté par ledit tarif: faiſons défenſes aux boulangers & par-
» netiers de la vendre au-delà de la préſente réduction, ſous
» les mêmes peines, &c. »

Nous aurions deſiré que le Lieutenant général de Police de Rochefort, qui ſe crut obligé de réformer, en 1709, ſon travail de 1703, eût dit un mot ſur ce qui avoit occaſionné ſon erreur, & l'avoit conduit à un faux calcul; l'aveu ſimple qu'il s'étoit trompé en 1703, quoiqu'il eût donné alors des baſes fixes, paroiſſoit demander qu'il revînt ſur ces baſes mêmes, & montrât en quoi elles ſe trouvoient mal établies: il ſemble, s'il eſt permis d'interpréter ici la manière dont ce Magiſtrat s'exprime, qu'il revient plutôt, dans ſa fentence de 1709, ſur le prix des farines que ſur les frais de main-d'œuvre accordés aux boulangers par le tarif de 1703; il n'eſt pas à préſumer en effet que par une diminution de 2 deniers par livre de pain, il eût voulu enlever à ces boulangers les $\frac{4}{9}$ des frais de cuiſſon fixés par ce dernier tarif; & il y a toute apparence que ce retranchement tomboit ſur la valeur intrinſèque du pain qu'il regardoit comme portée trop haut par proportion à celle des grains: mais dans ce

cas-là

cas-là même le tarif de 1703 qu'il abandonnoit, sans y faire
assez d'attention, pouvoit lui servir de base pour asseoir avec
équité la taxe du pain, puisque le prix des deux sacs de
farine pesant ensemble 260 livres, s'y trouve établi depuis
10^l jusqu'à 42^l, & la valeur de la livre de pain depuis 1^f
jusqu'à 3^f; puisqu'il lui étoit facile, dans la circonstance où
il se trouvoit, d'appliquer un des différens prix des farines
portés dans ce tarif, à la valeur courante de ces mêmes
farines; de donner par-là un appui certain à son règlement
sur cet objet de police, quels que fussent les changemens
momentanés dont ce règlement pouvoit devenir susceptible
par la variation du prix des grains; puisqu'enfin il avoit dans
sa main une règle fondée évidemment sur l'équité, & faite
autant pour éclairer le public sur la juste valeur du pain,
que pour prévenir ou au moins arrêter bientôt, par la plus
légère discussion, les plaintes des boulangers.

Quel que soit le motif qui ait déterminé le Magistrat de
Rochefort à insérer dans sa sentence du 15 Avril 1709, la
disposition par laquelle il affoiblit le tarif raisonné de 1703,
il nous paroît naturel de conclure, d'après ses expressions,
qu'en estimant les farines sur le pied courant qu'elles ont, &
en conservant aux boulangers le prix des frais qu'on a jugé
convenable, on peut fixer avec équité la valeur du pain,
& rentrer dans les principes même du tarif auquel ce Magistrat avoit dérogé.

La contestation qui s'est élevée à Rochefort au sujet de
l'essai que les Juges d'Angoulême ont fait, en vertu d'un
arrêt du Parlement, sur le produit tant en farine qu'en
pain d'une quantité déterminée de blé, cette contestation a
donné lieu à la publication de plusieurs Mémoires, où la
matière est discutée amplement & mise à peu-près dans
tout son jour. Sur la requête que les Officiers de Police
de Rochefort ont présentée pour que l'essai dont il s'agit
fût homologué au Parlement, les boulangers de cette Ville
y ont formé une opposition; les résultats tirés de cet essai
ont été vivement attaqués de leur part; toute l'opération a

été analyſée, rapprochée même de celles qui, dans ce genre, ſont regardées par les gens de l'Art comme faites avec ſoin, & donnant tous les avantages auxquels il convient qu'on ſe borne pour ne pas augmenter les produits aux dépens de leur qualité.

L'Académie nous diſpenſera ſans doute de remettre ſous ſes yeux des détails qui pouvoient être néceſſaires dans le cours de ce procès, à la déciſion duquel on eſt attentif dans les Provinces, mais qui deviennent ſuperflus aujourd'hui après les éclairciſſemens qui ſont ſortis du choc de la diſcuſſion, qu'on a multipliés à meſure qu'on a produit de part & d'autre des moyens de défenſe, & qui ſe ſont étendus juſqu'aux erreurs de calcul, leſquelles, il eſt vrai, ont pu échapper aux intentions les plus droites, mais que les circonſtances & le fond même de la conteſtation, obligeoient de relever.

Nous nous bornerons donc à rappeler ici la quantité de froment qu'on a employée à Rochefort dans l'eſſai que le Parlement avoit ordonné qu'il y fût fait par les Juges d'Angoulême; la quantité de farine de différentes qualités qu'on a tirée de ce froment, celle du ſon qui eſt reſtée après l'opération de la bluterie, celle des déchets que la mouture des grains a occaſionnée, la quantité enfin de livres de pain de qualités différentes qu'on a obtenues de cette expérience, & qui en forment le réſultat eſſentiel.

On comprend ſous le nom *de pochée*, tant à la Rochelle qu'à Rochefort, trois boiſſeaux de blé, meſure de Marans: il a été employé pour l'eſſai dont il s'agit, neuf pochées de froment ou 27 boiſſeaux; ſavoir, 13 boiſſeaux & demi de blé de 1780, leſquels peſoient enſemble 709 livres 4 onces; & le même nombre de meſures en blé de 1781, dont le poids total étoit de 702 livres; ainſi l'expérience a roulé ſur 1411 livres 4 onces de froment d'une très-bonne qualité, puiſque le boiſſeau de Marans qui ne contient ordinairement que 50 à 51 livres de blé, s'eſt trouvé, dans cette circonftance-ci, en contenir 52 livres 4 onces 2 gros 26 grains.

Les 13 boiffeaux $\frac{1}{2}$ du blé de 1780, ont donné, par la mouture à la groffe, 603 livres 14 onces 4 gros de farines de différentes qualités,

	livres.	onces.	gros.
ci..	603.	14.	4.
Et les 13 boiffeaux $\frac{1}{2}$ de 1781 ont rendu, par la même mouture,.............................	598.	//	//
	1201.	14.	4.

La quantité de fon que le blé de 1780 a produite, étoit de.................... 94.$^{liv.}$ 3.$^{onc.}$

celle du fon tiré du blé de 1781, étoit de.................... 95. 10.

$\left.\begin{array}{l} \\ \\ \end{array}\right\}$ 189. 13. //

Les déchets n'ont été en total que de.........	19.	8.	4.
	1411.	4.	//

Les 1201 livres 14 onces 4 gros de farine ont produit en pain,

	livres.	onces.	gros.
de la première qualité......................	845.	12.	4.
de la feconde.............................	441.	10.	//
de la troifième...........................	350.	13.	4.
	1638.	4.	//

On eft étonné fans doute d'un produit fi confidérable, tant en farines qu'en pain, & on fent tout d'un coup qu'il n'a pu être obtenu, quant aux farines, que parce qu'on y a laiffé introduire une grande quantité de menu fon; & il paroît, quant au pain, qu'on ne lui a pas laiffé prendre au four le degré de cuiffon néceffaire, ou que le fon qu'il contenoit en abondance, & qui, par fa nature, retient l'eau avec ténacité, a été la caufe de l'augmentation de poids fur le pain.

Le travail ordinaire des meilleurs meuniers de Paris , des environs, & même de tout le Royaume ; le réfultat de nos expériences , foit par la mouture économique, foit par la mouture à la groffe , doivent rendre encore plus frappant le produit qu'on a tiré à Rochefort de 141 r livres 4 onces de froment, quelque fupérieur à tout autre en qualité qu'on le fuppofe , & quoiqu'il n'ait éprouvé qu'une perte médiocre dans l'opération du moulin & dans celle de la bluterie.

On n'auroit tiré à Paris de ces 1411 livres 4 onces de froment, par la mouture économique qui eft la plus avantageufe, en farines de différentes qualités, que 1058ᶦᶦᵛ· 7ᵒⁿᶜ· 4ᵍʳᵒˢ,

on auroit eu en gros & menu fon... 322. 2. 4.

& en déchet, d'après ceux de notre expérience.................. 30. 10. //

en farines de différentes qualités, que	1058 liv.	7 onc.	4 gros
on auroit eu en gros & menu fon...	322.	2.	4.
& en déchet, d'après ceux de notre expérience..................	30.	10.	//
	1411.	4.	//

Si de la quantité de farine obtenue à Rochefort, & qui eft de......... 1201. 14. 4.

on déduit les.................. 1058. 7. 4.

de farines que la mouture économique auroit donnée à Paris, on aura en excédant de farine, ou plutôt de menu fon qu'on y a confondu.......... 143. 7. //

Auffi pendant qu'à Paris on auroit eu en gros & menu fon, la quantité de.. 322. 2. 4.

on n'en a trouvé à Rochefort que.... 189. 13. //

c'eft-à-dire la quantité en moins, de.. 132. 5. 4.

On vient de voir que les déchets par la mouture économique, fur les 1411 livres 4 onces de froment, auroient été à Paris de 30 livres 10 onces, pendant qu'ils n'ont été à Rochefort, comme on l'a obfervé précédemment, que de 19 livres 8 onces 4 gros : fi à la quantité

Ci-contre . . . .   132^{liv.}   5^{onc.}   4^{gros}

de 132 livres 5 onces 4 gros qu'on
auroit eue à Paris, en excédant de son,
on ajoute les . . . .   11.   1.   4.
qu'on a eues de moins à Rochefort sur
les déchets par comparaison avec ceux
qu'on auroit éprouvés à Paris, lesquelles
11 livres 1 once 4 gros ont passé en
nature de menu son dans les 1201 livres
14 onces 4 gros portées plus haut,
alors on aura les . . . .   143.   7.   //

d'excédant en farine qui résultent de l'essai fait à Rochefort,
& on reconnoîtra que ce surcroît de produit si éloigné de
celui que tireroient, en pareille circonstance, des meuniers
intelligens, auroit dû rester dans la classe des issues, loin
d'entrer dans l'ordre des dernières farines qu'il n'a pu rendre
plus abondantes qu'en altérant leur qualité.

De ce premier vice qui a eu son origine dans la bluterie ;
il en est résulté nécessairement un second, celui d'une augmentation sur le produit en pain, qui s'est trouvée telle que
non-seulement ce produit a été fort au-delà du poids de la
quantité de froment qu'on a employée dans l'essai, mais même
que ce produit a été beaucoup plus loin que celui sur lequel
les boulangers les plus attentifs pourroient tout au plus
compter en convertissant en pain les 1201 livres 14 onces
4 gros de farine qu'on a obtenues à Rochefort.

On y a tiré des 1201 livres 14 onces 4 gros de farines,
produites par les 1411 livres 4 onces de froment, la quantité
de . . . .   1638^{liv.}   4^{onc.}   de pain.

Les 1058 livres 7 onces 4 gros
de farine seulement qu'on auroit obtenues à Paris de ces mêmes 1411
livres 4 onces de froment, n'auroient
donné en pain sur le pied le plus
favorable, qui est une augmentation
des $\frac{1}{16}$ par l'addition de l'eau, que la

De l'autre part........ 1638^{livres} 4^{onces}

quantité de................. 1389. 4.

la différence est donc de........ 249. 11

En supposant qu'on eût obtenu à Paris des 1411 livres 4 onces de froment, la quantité considérable de farine que présente l'essai de Rochefort, on n'en auroit tiré en pain, sur le pied également des $\frac{5}{16}$ d'augmentation, fourni par la combinaison de l'eau avec la farine, au lieu de........... 1638. 4.

que ,.................... 1577. 8.

Voilà donc au-delà de ces $\frac{5}{16}$ de plus qu'on doit regarder comme le point de perfection pour les boulangers, un surcroît de produit en pain obtenu à Rochefort, qui se trouve de 60. 12.

On aura une nouvelle preuve de ce dernier excédant de produit en pain comme porté au-delà du terme le plus avantageux en fait de boulangerie, lorsqu'on reviendra sur les 143 livres 7 onces de menu son que nous avons dit être passées dans les farines de Rochefort, & qui ont été converties en pain. Ces 143 livres 7 onces de farine grossière & très-bise, n'auroient dû produire une augmentation sur la masse totale du pain & sur le pied des $\frac{5}{16}$ au-delà du poids de la farine, que................. 188. 4.

Cependant on a remarqué qu'il y a une différence de 249 livres entre le produit plus fort en pain obtenu à Rochefort, & celui qu'on auroit tiré à Paris de la même quantité de froment; il faut donc qu'on ait porté, dans l'essai fait à Rochefort, la quantité de pain à................... 60. 12.

249. 11.

au-delà des $\frac{5}{16}$ d'augmentation fur la maffe totale de la farine, puifque les 1201 livres 14 onces 4 gros adoptées pour un moment comme propres à être totalement converties en pain, n'auroient donné, ainfi que nous l'avons dit, fur le même pied & à la rigueur que 1577 livres 8 onces, c'eft-à-dire 60 livres 12 onces de moins qu'on n'en a obtenu à Rochefort.

Quelque frappé que l'on foit de la quantité de farine & de pain que préfente l'effai de Rochefort, & de la comparaifon que nous en avons faite avec la quantité de produits du même ordre qu'on obtient communément par la mouture économique, on fera encore un peu plus étonné de l'abondance des produits qui font réfultés de l'opération de Rochefort, lorfqu'on fe remettra fous les yeux celle de nos expériences pour laquelle nous avons eu recours à la mouture à la groffe, comme cette mouture a eu lieu pour l'effai fait à Rochefort; & lorfqu'on verra que s'il a été employé par les Juges d'Angoulême du froment de la meilleure qualité, nous avons eu la même attention, puifque le blé de 1781 qui a fervi pour cette expérience avoit été choifi dans ce deffein, & pefoit 242 livres par fetier de Paris.

On fe rappelle fans doute que les fix fetiers de froment de 1781, que nous employames, en les foumettant à la mouture à la groffe, pefoient enfemble 1452 livres, & ont donné 1071 livres en farines de trois qualités différentes : nous n'avons porté qu'à 1400 livres le produit en pain fur lequel on pouvoit compter couramment dans l'emploi de ces 1071 livres de farine, & nous nous fommes bornés à ce produit, à caufe des variations qu'il y a dans la cuiffon du pain, & de la difficulté qu'on éprouve à régler parfaitement la chaleur du four; mais on peut fuppofer ici que les 1071 livres de farine ont rendu 1405 livres 11 onces de pain fur le pied des $\frac{5}{16}$ d'augmentation dûe à l'eau qui s'y eft combinée.

D'après cette expérience par la mouture à la groffe, fur du blé de la meilleure qualité, mouture qu'on a employée à Rochefort, 1411 livres 4 onces de froment, quantité mife en expérience dans l'effai qu'on y a fait, n'auroient produit en farines de trois qualités différentes que 1041 livres, ou à peu-près, & n'auroient rendu en pain sur le pied le plus favorable, que 1366 livres 5 onces.

Voilà donc, d'après les résultats bien précis de nos propres expériences, ce qu'auroient produit sous nos yeux 1411 livres 4 onces de froment par la mouture à la grosse employée aussi à Rochefort; 1041 livres de farine, au lieu de 1201 livres 14 onces 4 gros; & 1366 livres 5 onces de pain, au lieu de 1638 livres 4 onces : voilà donc un excédant de poids sur la farine de 160 liv. 14 onces 4 gros dans l'essai fait à Rochefort; & sur la quantité de pain qu'on y a obtenue, un excédant de poids encore plus surprenant, celui de 271 livres 15 onces.

Les Officiers de Police de Rochefort desirant de nous mettre à portée de bien connoître les trois sortes de pain que les boulangers de cette ville sont dans l'usage d'y faire, la forme de ces pains, leur poids & leur qualité différente, ces Officiers ont fait prendre d'une manière légale & authentique, tant à la halle que dans la boutique de deux boulangers, une certaine quantité de ces différens pains, & nous les ont envoyés renfermés dans une caisse par la voiture publique, après nous avoir prévenus sur cet envoi, & nous avoir adressé le procès-verbal fait à ce sujet par M. Goulard, Conseiller du Roi, & Commissaire de Police à Rochefort.

Ces pains sont ou d'une livre, ou de 6 livres, ou de 12, ou de 20.

Ceux qui ne pèsent qu'une livre ou 6 livres, & qui ont une forme médiocrement longue, sont de la première qualité, & connus sous le nom de pain de *fin minot*; ceux dont le poids est de 12 livres, sont de la seconde qualité, d'une forme ronde, & portent le nom de *pain de froment*; on donne enfin à ceux qui pèsent 20 livres & qui sont ronds également, le nom de *pain de méture*, c'est celui qu'on regarde, à juste titre, comme du pain de la dernière qualité.

Nous sommes obligés de convenir que ces trois sortes de pain sont très-inférieures à celles qu'on fait, nous ne disons pas à Paris, mais dans plusieurs endroits du Royaume. Le

pain

pain de fin minot n'a ni la blancheur, ni la légèreté à laquelle on devroit s'attendre en le fuppofant tiré des farines de la première qualité. Le pain de la feconde & du poids de 12 livres, n'a pas également la nuance de blancheur que des farines du fecond ordre auroient dû lui laiffer; & il eft aifé de voir, au premier coup-d'œil, qu'il eft paffé beaucoup de menu fon dans la farine dont il eft compofé. Quant au pain de *méture*, il eft vifiblement d'une mauvaife qualité, le fon y eft très-apparent, & il y a lieu de préfumer que ce n'eft qu'à la faveur du fel qui entre toujours dans le pain à Rochefort, que les différentes fortes de pain qu'on y fait ont une faveur qui fupplée à ce qui leur manque d'un autre côté, & que le peuple y eft moins attentif à la blancheur du pain, qu'il ne le feroit dans tout autre endroit où cette denrée de première néceffité n'auroit que fa faveur naturelle.

On fera moins étonné fans doute, que les Commiffaires chargés par le Parlement de veiller à l'effai fait à Rochefort, aient laiffé introduire une fi grande quantité de menu fon dans les farines qui ont été blutées fous leurs yeux, lorfqu'ils ont vu la qualité médiocre du pain de fine fleur de minot, comme nous en avons jugé nous-mêmes; lorfqu'ils ont confidéré l'imperfection de celui qui eft défigné fous le nom de *pain de froment*; lorfqu'ils ont été frappés fur-tout de l'état groffier du pain de *méture* dont le poids eft de 20 livres, où le fon domine, qui contient beaucoup de mie, & qui, par ces deux raifons, retient l'eau avec tant de ténacité, malgré un féjour affez long au four, qu'il refte dans un état pâteux & fe moifit affez promptement. On peut donc préfumer que ces Commiffaires, à l'infpection de ces trois fortes de pain, & principalement de celle qu'on tire des farines les plus bifes, ont cru pouvoir fuivre une route qui leur étoit indiquée par l'état de la boulangerie à Rochefort, & ont été plus attentifs à l'abondance des produits qu'à leur qualité qui n'entroit pas, à proprement parler, dans l'objet de leur commiffion.

Mais combien ne devenoit-il pas effentiel cependant que les trois fortes de farines deftinées dans leur effai à être

converties en pain, fuffent d'une qualité convenable à leur
deftination ? & qu'en même temps qu'on auroit réfervé la
fleur de froment pour le pain le plus délicat, & la farine un
peu inférieure pour celui qu'on connoît à Paris fous la déno-
mination de *bis-blanc*, ou ailleurs fous le nom de *pain bourgeois*, on ne réduisît pas celui de la troifième qualité à n'être
qu'un mélange d'un peu de farine avec beaucoup de menu
fon, & à ne devenir par-là qu'une nourriture auffi groffière
que mal-faine pour le peuple qui, par une économie forcée,
eft fouvent contraint de s'y borner.

On ne fauroit trop s'occuper, nous en convenons, du foin
de maintenir au prix le plus modique le pain que mangent le
bas peuple, l'ouvrier chargé de famille, l'homme dénué de
fecours ; mais fi on ne tend à ce but qu'en les réduifant à vivre
de pain qui n'en a proprement que le nom, & dont la valeur
eft réglée fur fa mauvaife qualité, alors l'homme indigent
achette le pain fort cher, quelque bas qu'en foit le prix ; il le
paye aux dépens de fa fanté, des forces dont il a befoin, &
en confomme davantage, fans y trouver un véritable aliment.
A quelque prix que puiffent monter les grains, il feroit à
fouhaiter que le pain de la troifième qualité, dont les pauvres
fubfiftent, fût auffi bon en lui-même qu'il eft poffible de
l'obtenir d'une mouture bien conduite, & d'une bluterie qui
ne rend en toute farine que les trois quarts ou environ de
la quantité de blé employée ; que ce pain fût maintenu dans
un prix modique, dans quelques circonftances que ce fût,
fauf à faire fupporter à l'homme qui vit dans l'aifance, l'augmentation de prix que le pain du peuple auroit dû éprouver,
dans la proportion exacte de la valeur des farines.

Lorfque nous difons qu'en écartant des farines bifes,
la trop grande quantité de menu fon qu'une bluterie mal
montée peut y laiffer introduire, on a l'avantage d'en compofer
un pain affez fubftantiel, & qu'on mange quelquefois par
goût ; nous en avons la preuve dans les réfultats de nos expériences en fait de boulangerie : les farines de la première

qualité que nous avons obtenues par la mouture à la grofíe., nous ont donné un pain excellent ; celui que nous avons tiré des farines de bis-blanc, quoiqu'inférieur au premier pour la blancheur & la légèreté, avoit un peu plus de faveur, comme plus ferme & compofé en partie de gruaux blancs ; celui enfin, que nous avoient rendu les farines bifes., étoit d'une bonne qualité, & telle qu'on pouvoit l'attendre d'un pain de cette efpèce : fa couleur n'étoit pas trop bife, le fon n'y dominoit pas, & il étoit abfolument femblable à celui qu'on fait tous les jours à l'école de boulangerie, tant pour les prifonniers., que pour les pauvres mendians renfermés à Saint-Denys : ce dernier pain eft compofé de farines de la troifième & quatrième qualités qu'on obtient par la mouture économique, & auxquelles on joint une certaine quantité de farines blanches lorfque celles-là font un peu trop bifes, & feroient perdre au pain qui en réfulteroit le ton de couleur, la nuance de bis qu'on a déterminée pour le pain des prifonniers : auffi celui que nous tirames de nos farines bifes fut-il envoyé aux pauvres de Saint-Denys, & reçu dans ce dépôt comme auffi bon que celui qu'on eft dans l'ufage d'y diftribuer.

En confidérant les trois fortes de pain que nos expériences nous ont données, en les rapprochant de celles qui nous ont été envoyées de Rochefort pour nous faire juger de l'état de la boulangerie dans cette ville, combien ne fent-on pas la néceffité d'une mouture bien conduite, & d'une bluterie dans l'emploi de laquelle on foit plus occupé de la qualité des farines, & fur-tout des dernières qui font la reffource du peuple, que de l'abondance des produits ? Combien n'eft-il pas évident que cette réferve dans l'ufage de la bluterie, fe trouve indiquée & prefcrite, en quelque forte par *les rougeurs foncées* des derniers produits ? qu'elle tient, nous ofons le dire, à un principe d'humanité, & ne tire prefque à aucune conféquence pour le prix du pain le plus délicat que confomme la claffe des gens aifés ; tandis au contraire, que le foin de veiller à la bonne qualité des farines bifes, dont le pain du peuple eft compofé, devient très-effentiel pour lui, & plus important encore, que l'attention de maintenir à un bas prix l'aliment qui lui eſt deſtiné ?

On ne ſauroit trop louer ſans doute le zèle des Officiers de Police qui veillent avec un eſprit d'équité à la taxe du pain, & qui ſavent ménager les intérêts du peuple ſans bleſſer ceux des boulangers ; mais nous l'avouons, quand on a vu le pain qui ſe fait à Rochefort, on ſent vivement que cette vigilance doit s'étendre plus loin, & que la mauvaiſe qualité du pain, de celui ſur-tout dont le peuple ſubſiſte, doit autant exciter le zèle d'un Magiſtrat, que le prix trop haut auquel on tenteroit de porter le pain. L'homme opulent, le citoyen à ſon aiſe qui conſomment le pain blanc, peuvent s'en plaindre quelquefois ; mais ils ont toujours la reſſource, en le payant un peu plus cher, d'exiger qu'il ſoit meilleur : au lieu que le bas peuple forcé de prendre celui auquel il ſe trouve réduit par état, l'achette tel qu'il eſt ; s'en plaint auſſi quelquefois ; mais faute d'une nourriture plus ſaine, il le conſomme, aux dépens peut-être de ſa ſanté dont il eſt peu occupé pour l'ordinaire, parce qu'il l'eſt trop de ſes beſoins.

C'eſt donc ſur le pain deſtiné à cette claſſe d'hommes livrée au travail, & dont la vigueur fait la ſeule richeſſe, que doivent tomber les regards des Officiers de police ; la plus belle de leurs fonctions eſt de concourir à la conſervation des hommes qui portent le fardeau le plus peſant de la ſociété : en rempliſſant un devoir ſi honorable, ils auront droit & à la reconnoiſſance du peuple dont ils auront pris les intérêts, & à l'eſtime des citoyens dans l'aiſance, qui ſauront qu'en payant leur pain un peu plus cher, ils ont contribué à rendre meilleur celui du peuple, ſans que ce pain d'une meilleure qualité ait reçu la moindre augmentation ſur le prix modique qu'on y avoit d'abord attaché.

Après tous les details dans leſquels nous a obligés de deſcendre l'importance de la matière dont nous ſommes ici occupés, & le deſir de répondre par un compte fidèle de notre travail, à la confiance dont le Parlement honore l'Académie, il ne nous reſte plus qu'à rappeler, dans un expoſé fommaire, les produits en farine que nous avons obtenus des blés mis en expérience, & traités tant par la mouture économique que par la mouture à la groffe; qu'à remettre auffi fous les yeux lés produits en pain que nous avons tirés des farines forties de cette même mouture à la groffe; qu'à fuppofer un mélange du beau blé de 1781 avec celui de 1782 qui étoit d'une qualité inférieure, afin d'en faire réfulter un produit commun, & tel qu'on pourroit l'obtenir de 12 ou de 24 fetiers de blé médiocre, ou qui au moins ne feroit pas regardé comme appartenant à *la tête des blés;* qu'à établir la valeur du pain de différentes qualités, d'après la quantité de livres qu'en rend pour l'ordinaire une quantité déterminée de blé; à rapprocher enfin les tarifs dont il a été déjà queftion, des valeurs que nous aurons établies comme propres à conduire à une bafe de taxe qui n'aura rien d'arbitraire, dans laquelle le prix intrinsèque des grains fera diftingué de celui de la main-d'œuvre, & où la valeur de la livre du pain de trois qualités différentes fera toujours annoncée par celle des farines tirées des endroits dans lefquels ce commerce utile eft établi, ou par celle des grains vendus dans les marchés publics.

Nous avons dit qu'on tire communément par la mouture économique, d'une quantité déterminée de livres de blé, les trois quarts ou à peu-près en farines de différentes qualités; mais qu'on n'obtient pas tout-à-fait le même avantage par la mouture à la groffe, quand on defire avoir des farines bien diftinctes pour leurs qualités, & de ne pas furcharger les dernières par une trop grande quantité de menu fon.

Nous avons fait obferver également que le point de perfection reconnu jufqu'ici dans l'art de la Boulangerie, étoit d'obtenir en pain blanc de 4 livres ou environ, les cinq feizièmes au-delà de la quantité de farine employée; car on s'attendroit en vain à cette augmentation fur une fournée de pains d'une ou de deux livres, à moins que l'excédant de pâte toujours néceffaire & relatif, tant à la forme qu'au poids du pain qu'on veut faire, n'eût été proportionné à la grande perte que des pains de deux & fur-tout d'une livre éprouvent conftamment au four.

Les fix fetiers de blé de 1781, que nous avons employés dans nos expériences, comme étant de la meilleure qualité, pefoient enfemble 1452 livres, & ont rendu par la mouture économique 1096 livres de farines différentes, c'eft-à-dire 7 livres au-delà des trois quarts de la quantité de blé foumife à cette mouture.

Les fix fetiers de blé médiocre de 1782, pefant enfemble 1375 livres 12 onces, traités par la même mouture, n'ont produit en farines différentes que 1014 livres, c'eft-à-dire 17 livres 13 onces au-deffous des trois quarts du poids de ces fix fetiers de blé inférieur.

Les produits n'ont plus été les mêmes dans la mouture à la groffe, quoique fortis de blés pareils, & d'un poids égal; 1452 livres de blé de 1781, n'ont rendu en farines que 1071 livres, & par conféquent 25 livres de moins que nous n'en avons tiré d'une quantité égale de blé pareil, à la faveur de la mouture économique, & par conféquent encore 18 livres au-deffous des trois quarts de cette même quantité.

Nous n'avons obtenu par cette même mouture, des 1375 livres 12 onces de blé médiocre, que 997 livres de farine, c'eft-à-dire 34 livres 13 onces au-deffous des $\frac{3}{4}$ de cette dernière quantité de blé, & 17 livres de moins que 1375 livres 12 onces, également de blé médiocre, n'en ont rendues par la mouture économique.

Il eft bien conftant d'abord, d'après cet expofé, que la mouture économique a des avantages fur la mouture à la groffe : ils auroient été plus fenfibles, fi nous n'euffions pas tâché dans nos expériences de tirer le parti le plus utile de cette dernière mouture, & de la rapprocher de la première, en confervant aux farines bifes la meilleure qualité qu'elles puiffent avoir.

L'emploi que nous avons fait d'une grande partie des 1071 livres de farines forties des 1452 livres du blé de 1781, & les produits en pain que nous en avons obtenus, nous ont conduits à établir des réfultats proportionnels, en admettant l'emploi de toutes ces farines : nous avons vu, en conféquence, que prifes en total, elles auroient donné 1400 livres de pain ou environ, en fuppofant néanmoins que la chaleur du four auroit été mieux ménagée qu'elle ne l'a été dans la première expérience ; qu'on auroit faifi à peu-près le degré de cuiffon qui convient au pain, comme on l'a fait dans la feconde expérience : & encore avec une telle attention n'auroit-on pas eu dans cette dernière quantité de pain toute celle qu'on auroit pu efpérer, puifque ces 1071 livres de farine auroient donné jufqu'à 1405 livres 11 onces de pain, fur le pied des $\frac{5}{16}$ d'augmentation.

L'emploi que nous avons fait également d'une grande partie des 1014 livres de farine, tirées des 1375 livres 12 onces du blé médiocre de 1782, nous fait juger auffi par une comparaifon exacte de la quantité de pain que la totalité de ces farines auroit donnée ; cette quantité n'auroit pas été loin du produit le plus avantageux ; elle auroit été de 1305 livres de pain, c'eft-à-dire, de 3 livres 9 onces feulement au-deffous du produit de ces farines, fur le pied des $\frac{5}{16}$ d'augmentation.

Si on veut fuppofer le mélange des fix fetiers de blé de la meilleure qualité, avec les fix autres d'une qualité inférieure, pour avoir les produits d'un blé moyen, alors le poids des douze fetiers fera de 2827 livres 12 onces, ils rendront fuivant nos expériences par la mouture économique, 2110 livres de farines différentes, & pourront donner fur le pied des $\frac{5}{16}$ d'augmentation 2769 livres 6 onces de pain, tandis que d'après ces mêmes expériences & par la mouture à la groffe 12 fetiers de blé d'un poids égal & d'une qualité pareille, ne rendront que 2068 livres de farine & 2705 livres de pain, c'eft-à-dire 64 livres 6 onces de moins en pain qu'il n'en auroit été obtenu par la mouture économique des 2827 livres 12 onces de blé moyen.

La différence auroit été encore plus marquée, fi, par l'avantage attaché à la mouture économique, on eût tiré, comme on le fait communément, les trois quarts en farine

de cette quantité de blé moyen , ils auroient été à
2120 livres 13 onces, & il en feroit forti, par une opération bien faite de boulangerie, 2783 livres 9 onces de
pain; au lieu que dans la mouture à la groffe, nous n'avons
annoncé le produit en pain que de 2705 livres, & qu'il
n'auroit été tout au plus que de 2714 livres 4 onces par
une opération de boulangerie faite avec foin également, &
dans laquelle on eût obtenu le plus grand produit qu'il eft
poffible d'efpérer.

De l'expofé fidèle de toutes nos opérations dont il convenoit que la chaîne ne fût pas interrompue, ou ne le fût que
par les obfervations que la circonftance pouvoit exiger,
nous nous trouvons conduits à l'application des faits principaux que nous avions à conftater, que nous avons reconnus,
& qui doivent nous fervir de règle pour bien déterminer
la valeur du pain en la faifant fortir, & de celle du blé ou
des farines , & de celle des frais de main-d'œuvre confidérés
féparément.

Il eft conftant d'abord, par le réfultat de nos expériences
qui cadre avec tout ce qui eft connu fur les opérations de
la meunerie , que la mouture économique a un avantage
réel fur la mouture à la groffe pour la quantité du produit
en farines de différentes qualités; qu'elle en a un également
pour la diftinction plus exacte de ces farines, & la meilleure
qualité des dernières ; que d'une quantité déterminée de
blé on tire plus de parties farineufes par la première de
ces moutures, & qu'on les obtient mieux féparées du fon,
qu'on ne le fait par la feconde ; & que dans la fuppofition
où d'une certaine quantité de froment on obtiendroit par
l'une & l'autre moutures un produit égal en poids, l'égalité
ne régneroit pas dans les farines pour la qualité; de manière
que le fon refté de la mouture à la groffe receleroit plus
de parties farineufes & vraiment nutritives, que celui qui
auroit été retiré de la mouture économique ; & que le produit
en farine de la première de ces moutures ne deviendroit égal
en poids à celui de la deuxième , qu'à la faveur du fon atténué

qui

qui s'y feroit introduit , en laiſſant dans les iſſues plus groſſières, les parties farineuſes, les portions de gruaux blancs que ce menu ſon repréſenteroit , pour le poids , dans la maſſe de farine que le blé auroit rendue.

On a déjà obſervé dans le courant de ce Mémoire, que le produit en farine ſur lequel les meuniers comptent pour l'ordinaire, & qui eſt aſſez conſtant dans la mouture économique, va aux $\frac{3}{4}$ ou à peu-près du poids du blé mis en expérience; mais que ce produit eſt plus foible (toutes choſes égales d'ailleurs) & plus ſujet à varier dans la mouture à la groſſe.

Il eſt certain, en ſecond lieu, qu'il y a beaucoup de précau-tions à prendre dans les opérations de boulangerie , pour que le pain ſoit fait d'une manière convenable à celui qui l'achette, & utile en même-temps à celui qui le débite ; que le plus grand produit à cet égard , & en ſuppoſant le boulanger fidèle, dépend de pluſieurs choſes dont la pratique ſeule peut bien inſtruire , & ſur leſquelles l'ouvrier le plus intelligent ſe trouve quelque-fois en défaut ; que ce produit plus ou moins abondant tient à la nature des farines, à l'état plus ou moins ſec dans lequel on les emploie, à la propriété qu'elles ont d'abſorber plus ou moins d'eau, aux farines de la première qualité qui donnent le pain le plus délicat, & borné communément à un poids aſſez foible ; qu'il tient encore à l'état des farines plus ou moins biſes , à la forme des pains, à leur poids , au degré de cuiſſon que chaque ſorte exige, à la perte qu'il font conſtamment au four , & qui eſt inégale, malgré tout ce qu'on peut faire en ſubdiviſant avec exactitude une maſſe de pâte bien préparée, pour obtenir l'égalité dans le poids d'une certaine quantité de pain ; ce produit tient enfin , on l'a remarqué dans une de nos expériences, au ſéjour du pain dans le four, de quelques minutes trop long ; & c'eſt ſans doute ici le point le plus délicat pour un boulanger qui peut perdre, nous le ſavons, par une diſtraction légère 15 ou 20 livres de pain ſur une fournée de 300 livres ou environ, à laquelle il s'attendoit : cette perte ne ſe trouve déterminée que d'une manière relative,

M

c'eſt-à-dire, qu'après avoir reconnu par l'expérience & par une ſuite d'opérations bien faites, qu'une certaine quantité de farine d'une bonne qualité, convertie en pâte & ſubdiviſée en pains de 4 livres qui portent un excédant de pâte que l'uſage a fixé, après avoir vu, diſons-nous, qu'on tiroit en pains de cette quantité de farine les $\frac{5}{16}$ au-delà de ſon poids, on a regardé cette augmentation de produit comme un point de perfection dans le travail auquel un boulanger intelligent pouvoit atteindre, ou dont au moins il devoit peu s'écarter.

Si on rapproche actuellement les réſultats de l'eſſai qu'on a fait à Rochefort, de ceux ſur leſquels ſeulement on peut compter, en adoptant les baſes que nous venons d'établir, combien ne différeront-ils pas de nos produits ordinaires, & ne feront-ils pas ſentir les abus qui naîtroient du mélange d'une grande quantité de menu ſon dans les dernières farines, & l'inconvénient qu'il y auroit à tirer de ces farines le pain du bas peuple qui l'achetteroit toujours trop cher, quelque modique qu'en fût le prix? On ſe rappelle ſans doute ce qui a été dit plus haut ſur les réſultats de l'eſſai de Rochefort: on y a obtenu de 1411 livres 4 onces de blé, par la mouture à la groſſe, 160 livres 14 onces 4 gros de farine de plus que nous n'en aurions tiré par la même mouture, & 271 livres 15 onces de pain au-delà de la quantité que nous en aurions retirée, ſur le pied le plus favorable, de 1411 livres 4 onces également de blé choiſi comme l'avoit été celui de Rochefort.

« On voit donc, au premier coup-d'œil, qu'un eſſai où l'on s'éloigne autant des produits connus, ne ſauroit ſervir de règle pour aſſeoir la taxe du pain, & qu'il faut en chercher la baſe dans des réſultats de mouture & de boulangerie ſur leſquels on eſt par-tout aſſez d'accord. Le tarif de la Rochelle établi en 1700, & celui de 1703 adopté à Rochefort, préſentent cette baſe, ils peuvent être remis en vigueur avec quelque changement qu'exige la mouture perfectionnée; & ſortis il y a plus de quatre-vingts ans de ces deux villes, ils peuvent encore y ſervir de règle aujourd'hui, & aplanir les difficultés qui s'y ſont élevées.

Si la mouture économique ne faifoit pas autant de progrès qu'on le remarque tous les jours, & ne donnoit pas lieu de préfumer qu'elle s'étendra bientôt par-tout, peut-être feroit-il néceffaire d'avoir égard, dans la confection d'un tarif, au moindre produit que donne la mouture à la groffe, & à l'augmentation légère qui en réfulte fur le prix du pain ; mais cette dernière mouture, on le fait, ne donne pas des produits en farine auffi conftans qu'ils le font dans la mouture économique, & cependant il s'agit d'établir une règle qui doit être fixe, au moins pendant long-temps, à laquelle il eft prefque toujours dangereux de porter atteinte, & qui demande la plus grande réferve, dans la néceffité même d'y faire quelque changement. Nous croyons donc qu'il convient de prévoir des réfultats meilleurs & plus conftans dans la mouture, que ceux qu'on obtient dans plufieurs provinces ; de fuppofer avec fondement qu'on parviendra dans la fuite avec des attentions & par le moyen de bluteries bien montées, à tirer en farines les $\frac{3}{4}$ du poids du blé qu'on aura fait moudre : nous y fommes parvenus nous-mêmes dans un effai fur une petite quantité de froment qui n'a été foumife qu'à une feule opération du moulin, mais pour laquelle les meules ont été rapprochées & mifes au point que l'exige la manière de moudre les grains, qui eft connue des gens de l'Art, fous le nom de *mouture en boulange :* il eft vrai que le degré de blancheur des trois fortes de farines n'y étoit pas tranché auffi-bien qu'on l'auroit remarqué dans des farines forties de la mouture économique ; mais il s'agiffoit plus dans cette expérience de la quantité des produits dans de certaines bornes, que d'une diftinction bien exacte pour la qualité de chacun de ces produits.

Il y a lieu de préfumer encore qu'un tarif, dans lequel on fuppofera le produit en farines dont nous parlons, rendra les boulangers plus vigilans fur le poids & la qualité des farines qui leur feront rendues par les meuniers, & que l'induftrie qui fera defirer l'établiffement de la mouture économique, réveillée de deux côtés, juftifiera bientôt le tarif fur le produit à cet égard d'une quantité de froment d'un poids déterminé.

M ij

D'ailleurs nous pouvons affurer que dans un effai fait depuis peu à Rochefort, fur 3 pochées de froment ou 9 boiſſeaux, mefure d'Aligre, effai dont on nous a envoyé le détail, & dans lequel on auroit pu avoir quelque intérêt à nous déguifer la vérité en diminuant les produits, on annonce pour celui des farines les $\frac{3}{4}$ ou environ, du froment emploÿé, & pour le produit en pain, les $\frac{5}{16}$ ou à peu-près, au-delà du poids de ces farines.

Il paroît donc que nous pouvons propofer comme bafes principales d'un tarif, les produits tant en farines qu'en pain que nous venons de déterminer, & fur lefquels les boulangers de Paris fe trouvent d'accord : il eſt une autre bafe indépendante des deux premières qu'il faut établir en la confidérant à part & fans aucune relation au prix des grains, c'eſt celle qui concerne le prix de la main-d'œuvre & le juſte bénéfice que le boulanger doit recueillir : il lui eſt accordé 6^l par le tarif de la Rochelle, pour la converfion en pain de 260 livres de farine achetées à la halle en cet état, ou tirées du blé que ce boulanger aura fait moudre, & dont la farine brute aura été blutée chez lui.

Ce même tarif fuppofe qu'on ne retire de ces 260 livres de farine que 320 livres de pain, puifqu'il en fixe le prix à 2^f, par exemple, & tous frais faits, quand cette quantité de farine vaut 32^l.

Mais nous avons fait obferver qu'elle peut donner 340 livres de pain ; les $\frac{5}{16}$ d'augmentation fur le poids de la farine porteront même, dans la rigueur, le produit en pain à 341 livres $\frac{1}{4}$: on peut fe borner à la première de ces quantités fur laquelle même on ne pourroit pas compter, fi on convertiſſoit une grande partie de la farine en petits pains : les 6^l accordées aux boulangers par le tarif de 1700, pour l'emploi de 260 livres de farine, étant réparties fur les 340 livres de pain, établiront les frais de main-d'œuvre pour chaque livre de pain fur le pied de 4^d $\frac{4}{17}$, ou à très-peu-près de 4$^d\frac{1}{4}$.

La charge de farine nommée *fin minot*, vaut, dans le moment où nous rédigeons ce rapport, à la halle de Marans, où les boulangers de Rochefort font dans l'ufage de faire leur provifion, 40ˡ 3ᶠ, en y comprenant quelques frais aux-quels ils font tenus avant que leurs farines foient rendues à Rochefort ; cette charge de farine eft compofée de deux facs qui en contiennent chacun 130 livres.

Qu'on fuppofe actuellement qu'un boulanger de cette Ville veuille employer 4 charges & $\frac{1}{6}$ de fin minot, ou à peu-près 1084 livres de farine, elles lui coûteront en total 167ˡ 5ᶠ 10ᵈ, fur le pied de 40ˡ 3ᶠ la charge ; il en tirera 1417 livres de pain, dans le rapport de 260 livres de farine à 340 de pain : la valeur intrinsèque de chaque livre de pain de la première qualité, fera d'abord par conféquent de 2ᶠ 4ᵈ $\frac{4}{12}$, & quand on y aura joint 4ᵈ $\frac{3}{12}$ pour les frais de main-d'œuvre, elle montera à 2ᶠ 8ᵈ $\frac{7}{12}$; voilà le prix de la livre de pain tirée dès farines de la première qualité, prix égal pour chaque livre, comme forties toutes de fin minot ; tandis que celles dcnt nous allons parler fortiront des produits différens de la mouture, & auront une valeur proportionnée à leur qualité.

28 boiffeaux, mefure de Marans, & pris dans cette Ville, contiendront 1452 livres de Beau blé, fur le pied de 51 livres $\frac{7}{8}$ le boiffeau, & coûteront 147ˡ, en les fuppofant chacun du prix de 5ˡ 5ᶠ, avec les menus frais qu'exige le tranfport ; on pourroit en tirer, à la rigueur & fur le pied des $\frac{3}{4}$ du poids du blé 1089 livres de farine ; mais on bornera ici ce pro-duit à 1084 livres, pour le faire marcher de pair, quant au poids, avec celui de 4 charges $\frac{1}{6}$ de fin minot dont il vient d'être queftion : cette quantité de farine donnera éga-lement, dans le rapport de 260 à 340 livres, 1417 livres de pain, dont la valeur intrinsèque pour chaque livre fera de 2ᶠ $\frac{10}{12}$, & montera à 2ᶠ 5ᵈ $\frac{1}{12}$, en y réuniffant les 4ᵈ $\frac{3}{12}$ dont on eft convenu pour les frais de main-d'œuvre ; mais ce prix de la livre de pain, qui eft trop fort pour une partie d'elles, ne l'eft pas affez pour une partie d'autres ; il faut donc, en confervant la valeur totale du pain, retrancher d'un côté, dans des vues de juftice & d'intérêt pour le peuple, ce qui doit être porté en augmentation fur un autre, par des

vues également juftes, & auxquelles ceux qui confomment le pain le plus délicat ne fauroient fe refufer.

Dans les 1417 livres de pain dont il s'agit ici, on peut, par une eftimation générale feulement, & qu'il feroit difficile de faire avec quelque précifion pour les produits que donne la mouture à la groffe, on peut fuppofer 945 livres de pain comme tirées des farines de la première qualité, 272 livres comme obtenues de celles de la feconde, & 200 livres dans lefquelles il n'eft entré que des farines bifes.

Suivant un grand nombre d'ordonnances de police pour la taxe du pain, qu'on a rendues depuis quelque temps à Rochefort, & dont plufieurs font fous nos yeux, la livre de pain de la feconde qualité, qu'on y nomme *pain de froment à fa fleur*, eft taxée à 2^f 2^d; & celui de la troifième, connu fous le nom de *pain de meture*, y eft fixé à un^f fou 5^d la livre: nous conferverons ces deux prix pour le pain de la feconde & fur-tout de la troifième qualité, dans le calcul qui va fuivre, afin de nous écarter le moins qu'il fera poffible des principes de la taxe favorable au peuple, qu'on adopte à Rochefort.

On a vu que chacune des 1417 livres de pain dont nous venons de parler, revenoit, tous frais faits & fans aucune diftinction pour la qualité, à 2^f 5^d $\frac{1}{12}$; dès-lors il faut que les 272 livres de pain de la feconde qualité, qui font partie des 1417 livres, defcendent chacune au prix de 2^f 2^d, & perdent 3^d $\frac{1}{12}$; & que chacune des 200 livres de la troifième qualité foit déchargée d'un fou $\frac{1}{12}$: la totalité des deniers qu'on aura ainfi fouftraite de la valeur des pains de la feconde & de la troifième qualité, ira à 3255 deniers, lefquels, répartis fur les 945 livres de pain de la première qualité, dont le prix primitif étoit de 2^f 5^d $\frac{1}{12}$ par livre, y produiront une augmentation de 3^d $\frac{6}{12}$ ou à peu-près, & feront monter la valeur de cette livre de pain de la première qualité à 2^f 8^d $\frac{7}{12}$.

Ce dernier prix eft pareil, comme on le voit, à celui de toutes les livres de pain obtenues plus haut des charges de farine de fin minot, par la raison que les 945 livres de pain dont il s'agit dans ce moment sortent de farines de la première qualité, & doivent avoir chacune un prix égal à celui de la livre de pain tirée des farines de la plus belle qualité, & désignées à Rochefort, sous le nom de *fin minot.*

Le tarif de la Rochelle établi en 1700, & pris à la lettre, feroit monter la livre de pain de la première qualité à $1^d \frac{1}{2}$ de plus que nous ne venons de la fixer ; sur le pied en effet du prix de 40^l pour 260 livres de fin minot, auquel on doit ajouter 6 livres pour les frais de main - d'œuvre ; on voit dans ce tarif que la livre de pain iroit à $2^f 10^d$, elle devroit même aller à $2^f 10^d \frac{1}{2}$ justes, d'après les bases de·ce tarif, si on n'y eût pas négligé la fraction ; & alors on remarquera que le prix plus haut de la livre de pain que nous avons déterminé, est plus foible de deux deniers que celui qui résulteroit strictement des principes de ce tarif.

Tels sont les résultats qui, conformes à ceux qu'on a obtenus jusqu'ici, naissent de nos expériences particulières & des observations dont elles sont accompagnées : ces résultats s'éloignent peu de ceux qu'on tireroit d'après le tarif de 1700 que les boulangers de Rochefort desireroient qu'on adoptât, mais que leur Art, ainsi que celui du meunier, mieux conduits aujourd'hui qu'ils ne l'étoient à la naissance de ce tarif, nous ont donné lieu d'interpréter avec raison sur le produit en pain qui s'y trouve déterminé : ils s'éloignent peu aussi, en général, de la règle que les Officiers de police ont suivie jusqu'ici à Rochefort, pour la taxe du pain, sans qu'on voie qu'ils aient déduit cette règle des principes fixes d'un tarif, de la valeur intrinsèque du pain, & de celle des frais de main-d'œuvre prise séparément & toujours constante, quelles que soient les variations de la valeur des grains.

Si le travail que nous venons d'exposer, si l'usage sur-tout que nous y faisons avec modération du tarif de la Rochelle, méritent que le Parlement y ait égard, & qu'il ordonne, en conféquence, l'exécution de ce tarif, dont les bafes trop favorables peut-être aux boulangers dans le temps où il a été fait, ne paroiffent aujourd'hui que bien établies par l'augmentation de prix que tout a éprouvé depuis plus de quatre-vingts ans, cette décifion produira fans doute quelques avantages, celui en premier lieu d'aplanir les difficultés qui fe font élevées à Rochefort au fujet de la taxe du pain, & y fubfiftent au milieu de trois tarifs, dont il femble qu'il ne s'agiffoit que d'appliquer les difpofitions aux circonftances où l'on fe trouvoit : l'utilité qui pourra réfulter en fecond lieu, de la décifion du Parlement, fera l'établiffement d'une bafe pour la taxe du pain, qui n'aura rien d'arbitraire, fur-tout à l'égard des frais de main-d'œuvre, fi fufceptibles de difcuffion, mais qui réglés une fois avec équité n'exigeront pas fitôt de changement; & diftingués avec foin dans ce tarif, ils feront toujours un objet ifolé dans la taxe du pain.

Dans la plupart des conteftations qui naiffent en Province au fujet du prix de la livre de pain, & qui deviennent plus générales dans ce moment-ci à l'occafion de celle qui a éclaté à Rochefort, on ne s'accorde point fur le produit en farine qu'on peut obtenir d'une quantité déterminée de blé, fur celui qu'on peut tirer en pain d'une quantité fixe de farine, & encore moins, tant fur la dépenfe à laquelle un boulanger eft tenu, que fur le bénéfice convenable qu'il eft en droit d'attendre de fon travail.

On a remarqué dans les calculs établis plus haut, qu'on pouvoit compter à peu-près fur 1084 livres de farine, comme tirées de 1452 livres de blé, & fur 1417 livres de pain, comme produites par cette quantité de farine. Nous ne parlons point ici de mefures quelles qu'elles puiffent être, & qui, conftantes en elles-mêmes, offrent des variations fréquentes pour le poids du blé qu'elles contiennent, relativement à la qualité dont il eft; nos calculs partent toujours du poids déterminé d'une certaine quantité de grains; & quoiqu'il foit poffible que 100 livres d'une forte de blé

donnent

donnent un peu plus de farine qu'une autre forte de blé d'un poids pareil n'en rendroit; cependant il convient, dans un calcul général, de prendre pour point fixe le poids du grain , parce que les différences légères difparoiffent dans des opérations de la nature de celle-ci, où les produits ne font jamais rigoureux. Ainfi, en fuppofant qu'on peut obtenir une certaine quantité de farine d'une quantité déterminée de blé , on fe trouve conduit à admettre avec affez de fondement le même produit d'une quantité de blé parfaitement égale, & il n'y a point d'erreur effentielle à craindre dans les conféquences qu'on peut tirer à cet égard.

Il n'en eft pas de même abfolument du produit en pain qu'il eft poffible d'obtenir d'une certaine quantité de farine; il tient à l'état de féchereffe ou d'humidité des farines avant qu'on les emploie, & à l'attention du boulanger dans la conduite du four; mais en fuppofant, comme nous l'avons fait, que 260 livres de farine donnent 340 livres de pain de 4 livres , & que c'eft une des bafes du tarif, nous fuppofons auffi un boulanger attentif, ou, pour fes propres intérêts, nous l'obligeons à le devenir.

Les boulangers de Rochefort repréfenteront peut-être qu'ils font dans l'ufage de faire une grande quantité de pains d'une livre & de la première qualité ; que la pâte ainfi fubdivifée & plus légère que celle des pains inférieurs, perd beaucoup de fon poids au four; qu'elle y diminue en raifon des furfaces multipliées qu'elle y préfente, & qu'alors il ne leur eft pas poffible de retirer de 260 livres de farine la quantité de livres de pain que nous annonçons.

Mais on peut leur répondre, que s'il leur eft onéreux de faire des pains d'une livre, ils ont l'avantage d'en pouvoir débiter qui pèfent 6 livres & qui fortent des farines de la première qualité ; qu'ils emploient en pains de 12 livres les farines d'une qualité inférieure; qu'ils réfervent les farines bifes pour des pains de 20 livres ; & que par-là il fe fait une forte de compenfation dans le poids des différens pains, fi même il n'y a pas moins de perte fur le pain de la première qualité, qu'il n'y a d'excédant de poids fur celui de la feconde, ou au moins fur le pain bis de 20 livres, comme plus compacte que les deux autres, & plus capable de fe maintenir dans une certaine humidité après avoir foûffert toute la chaleur du four.

Dans la diftinction des trois fortes de farines que nous avons confidérées comme forties des 1452 livres de blé, nous n'avons porté qu'aux deux tiers de 1084 livres., total de ces farines, celles de la première qualité; & en partageant l'autre tiers en deux parties, nous avons établi le poids de l'une qui regardoit les farines de la feconde qualité, comme devant être plus fort que celui de l'autre partie du tiers qui regardoit les farines bifes ou de la troifième qualité.

Si nous nous fuffions réglés pour ce partage fur les produits de la mouture économique, nous aurions porté jufqu'aux trois quarts du total des farines, & même un peu au-delà, celles qu'on auroit pu ranger dans l'ordre des farines de la première qualité; le quart qui feroit refté en farines inférieures, auroit été divifé auffi en deux parties, & l'auroit été de manière que le poids de l'une, relative aux farines qu'on défigne fous le nom de *bis-blanc*, fe feroit trouvé auffi un peu plus fort que celui de la dernière partie compofée également des feules farines bifes. Suivant ce dernier partage des farines, où celles de la première qualité font plus abondantes qu'on ne les a vues d'abord, mais auquel ne fe prête point la mouture à la groffe, le prix de la livre de pain blanc auroit été inférieur à celui qui eft réfulté de nos calculs; dans ce dernier cas en effet, il fe feroit trouvé moins de pain de la deuxième & fur-tout de la troifième qualité; il y auroit eu moins de deniers à rejeter fur le prix du pain le plus délicat, & la quantité que nous en avons eu à répartir fur 945 livres du pain le plus cher, l'auroit été fur 1063 livres de pain de la même qualité.

Il ne faut pas croire cependant que ce produit plus confidérable en farines de la première qualité, qui feroit dû à la mouture économique, n'auroit lieu abfolument qu'aux dépens, pour ainſi dire, des farines inférieures, & parce qu'on auroit enlevé à celles-ci les portions les plus précieuſes de gruaux blancs, dont le produit aſſez fort en belles farines ſe feroit encore enrichi. Si la mouture économique donne des produits un peu plus abondans qu'on ne les obtient de la mouture à la groſſe, c'eſt en parties vraiment farineuſes qu'elle les donne, en farines mieux dépouillées de ſon; & dès-lors il peut ſe trouver une augmentation ſur celles de la première qualité, ſans que les farines qui ſont au-deſſous aient beaucoup perdu du degré de blancheur qui ſert à les caractériſer, à les ranger par ordre, & qui préſente un moyen naturel d'en régler le prix.

Déterminer la quantité de farines différentes qu'on peut tirer d'une quantité fixe de livres de blé; établir ce réſultat, d'après la mouture à la groſſe, pour ſe conformer aux intentions du Parlement; mais rapprocher en même temps de cette mouture les opérations mieux entendues, de la mouture économique, pour donner lieu à leur comparaiſon; expoſer le travail des boulangers pour faire juger de la vigilance qu'il exige, & des variations dans les produits en pain, comme dans le poids de ces mêmes pains auxquels il eſt ſujet; annoncer à peu-près la quantité de pains qu'il eſt ordinaire de tirer d'une certaine quantité de farine; diſtinguer le prix intrinſèque de la livre de pain, quelle qu'en ſoit la qualité, de celui des frais de main-d'œuvre, & fixer, en les réuniſſant, la valeur totale de la livre de pain, d'après celle du blé dont on aura fait l'emploi; du prix général d'une certaine quantité de livres de pain, de ce prix établi d'abord avec égalité pour chacune d'elles, faire ſortir celui qu'il faut leur aſſigner en particulier & relativement à la qualité du pain; comparer les réſultats de nos expériences & des opérations en grand du même genre qui ſe font continuellement à Paris, avec ceux qui ont été obtenus de l'eſſai fait à Rochefort; examiner ſi dans le tarif ancien de cette ville, adopté en 1703, & ſur-tout dans celui de la Rochelle, qui lui avoit ſervi de modèle en 1700, on ne trouveroit pas une bafe convenable pour affeoir la taxe du pain ; tirer ainfi du pays même où la conteftation s'eft élevée, un des principaux moyens de l'y faire ceffer ; rendre applicables enfin au commerce de boulangerie, dans tout autre pays , les principes vrais en eux-mêmes que nous aurions établis, fauf la différence pour le prix de la main-d'œuvre que les lieux différens pourroient demander, mais au fujet duquel il y auroit une règle effentielle à fuivre, celle d'avoir plus d'égard, en fixant ce prix, aux boulangers qui ne fubfiftent que par un travail médiocre, qu'à ceux qui ont beaucoup de débit ; tels font les objets que nous avons eu en vue dans notre travail pour répondre à la confiance dont le Parlement a honoré l'Académie , & pour remplir nous-mêmes, avec toute l'exactitude dont nous ferions capables, la commiffion importante dont la Compagnie nous a chargés. Quelque application qu'ait demandé de nous ce travail foumis aux lumières de l'Académie , nous ferons bien dédommagés des foins que nous nous fommes fait un devoir d'y apporter, fi le Parlement y trouve les bafes principales fur lefquelles le prix du pain doit porter ; les moyens d'aplanir les difficultés qui fe font élevées à Rochefort, & qui font les mêmes à la Rochelle dans ce moment-ci ; d'écarter celles qui font à la veille de naître, nous le favons, dans plufieurs villes du Royaume ; d'établir en un mot la tranquillité fur un point de Police moins délicat peut-être à régler pour le fond, qu'il ne l'eft quelquefois à l'égard des circonftances & des mouvemens dangereux dont il peut devenir l'occafion.

RÉSUMÉ.

APRÈS les détails dans lefquels nous venons d'entrer, & qu'exigeoit l'expofé fidèle de nos expériences ; après les obfervations que nous avons cru qu'il nous feroit permis d'y joindre, afin qu'il fût plus facile de tirer quelque avantage de notre travail, nous allons réduire à trois articles principaux, conformément au prononcé de l'arrêt du Parlement du 6 Septembre 1783, le réfultat de nos opérations différentes, &

les conféquences qui paroiffent en naître pour l'objet de difcuffion dont l'Académie nous a chargés de nous occuper.

ARTICLE PREMIER.

UN boulanger peut retirer d'une quantité déterminée de
farine, quelle qu'en foit la qualité, de 240 livres, par exemple,
3 1 5 livres de pain, c'eft-à-dire, les $\frac{5}{16}$ au-delà du poids de
la farine employée; il en retirera un peu plus fi la farine eft
bife & a été convertie en pains de 6, de 8 ou de 1 2 livres,
comme d'un autre côté il en obtiendra moins, fi les pains
ne font que d'une & de 2 livres; il faut fuppofer d'ailleurs
une grande vigilance de la part du boulanger dans la conduite
du four, où une chaleur trop forte peut faire perdre au pain
une partie de fon poids, où le même inconvénient peut naître
d'un féjour trop long du pain dans le four : le boulanger, en
tâchant d'éviter cette perte, doit cependant donner au pain
le degré de cuiffon convenable, & la régler fuivant la qualité
& le poids dont eft le pain. Ce font ces précautions indif-
penfables dans l'Art du boulanger, ces variétés dans le poids
& la qualité du pain, qui arrêteront toujours pour la détermination précife de la quantité de livres de pain qu'on peut
tirer d'une certaine quantité de farine; mais nous croyons
qu'on peut compter en général fur le produit de 3 1 5 livres
de pain, comme forti de 240 livres de farine, & en fuppofant encore que ces pains ne feront pas au-deffous de 4
livres, fur-tout ceux de la première qualité, puifqu'il eft
conftaté par nos propres expériences qu'il eft affez difficile
d'obtenir l'avantage des $\frac{5}{16}$ d'augmentation fur une quantité
de farine d'un poids déterminé.

On retire à Paris de 560 livres de froment, 420 livres
de pain de la première qualité, & 1 3 1 livres, dont la moitié
peut être en pain un peu inférieur, nommé *bis-blanc*, & l'autre
moitié en pain proprement bis.

La mouture à la groffe ne donne pas le même avantage,
tant pour la quantité des farines que pour leurs qualités bien
diftinguées ; on peut compter fur les $\frac{2}{3}$ ou environ de la

farine qu'on retire de cette mouture pour le pain de *fine fleur* ou *minot ;* fur $\frac{1}{6}$ de cette farine pour le pain de la feconde qualité ou de *froment à fa fleur ;* & fur $\frac{1}{6}$ également pour le pain bis ou de *meture,* c'eft-à-dire, qu'en fuppofant qu'on ne tirât par la mouture à la groffe, de 560 livres de froment que 534 livres de pain, il y en auroit 356 livres de la première qualité, 89 de la feconde, & une quantité égale de la troifième. Nous ne pouvons donner fur le partage des farines, pour les convertir en pains de différentes qualités, qu'une idée générale, parce qu'il y a des provinces où les boulangers ne font qu'une quantité médiocre de pain blanc, où une grande partie des plus belles farines paffe dans le pain de la feconde qualité, tandis que les farines bifes qu'on en a féparées entrent dans le pain à bas prix que le peuple confomme.

I I.

D A N S les difcuffions qui s'élèvent tous les jours entre les Officiers de Police & les boulangers d'une ville, au fujet de la taxe du pain, il n'y a prefque jamais d'accord fur les dépenfes auxquelles les boulangers font tenus par état & relativement au prix des denrées dans le pays où ils font leur commerce : pendant en effet que le zèle des Magiftrats les porte à limiter ces dépenfes le mieux qu'ils peuvent pour parvenir à la valeur exacte du pain, les boulangers font enclins de leur côté à étendre ces dépenfes, & il eft rare qu'ils en fourniffent des états où il n'y ait pas quelques articles à réformer. Il paroît donc plus fimple, fuivant l'ufage établi dans plufieurs villes du Royaume, d'accorder une fomme fixe aux boulangers par quantité déterminée de farine ou de pain, de ne point entrer avec eux dans le détail des frais de mouture, de boulangerie, &c. & après avoir réglé la valeur intrinsèque de la livre de pain fur celle du blé, à mefure qu'elle varie, d'y ajouter le prix conftant de main-d'œuvre qu'on aura fixé. Nous fuppoferons ici, pour préfenter un exemple, que le fetier d'une ville de province contient 200 livres de froment bien net & d'une bonne qualité ; 2 fetiers & $\frac{4}{5}$ de cette mefure contiendront les 560 livres de grains dont il a été queſtion dans le premier article; on en retirera par une mouture bien entendue 420 livres de farines différentes & 551 livres de pain. Nous ſuppoſerons en ſecond lieu que chaque ſetier de froment a coûté 21ˡ 10ˢ, & par conſéquent que les 2 ſetiers ⅘ ont été payés 60ˡ 4ˢ; dès-lors le prix intrinsèque de chaque livre de pain, indépendamment de ſa qualité, ſera de 2ˢ 2ᵈ ¼; mais il faut y réunir les frais conſtans de main-d'œuvre, & en repartir le prix ſur chaque livre de pain ; nous ſuppoſerons donc encore qu'on ajoutera 3ˡ 5ˢ 7ᵈ 2/14 à la valeur de chaque ſetier de blé du poids de 200 livres, ou 7ˡ par ſac de farine du poids de 320 livres, ou 4ᵈ par livre de pain, tant pour les dépenſes auxquelles les boulangers ſont aſtreints, que pour le bénéfice qu'il convient de leur accorder : chaque livre de pain, ſans diſtinction de qualité, ira donc d'abord, tous frais faits, à 2ˢ 6ᵈ ¼. Mais il reſtera une dernière opé-ration à faire, celle de décharger la livre de pain, inférieure en qualité, de l'excédant de prix qu'elle a reçu par un premier calcul, & de le faire retomber ſur la livre de pain d'une meilleure qualité : s'il eſt d'uſage dans cette même ville de faire une petite quantité de pain blanc, un peu moins encore de pain bis, mais une quantité conſidérable de pain de la ſeconde qualité dans lequel entre la plus grande partie des plus belles farines, alors on pourra ſuppoſer que dans les 551 livres de pain tirées des 2 ſetiers ⅘, il y en a 88 de pain blanc qu'on portera à 2ˢ 9ᵈ la livre, 420 livres de la ſeconde qualité qu'on laiſſera à 2ˢ 6ᵈ, & 43 livres de pain bis, dont chaque livre ne vaudra que 2ˢ; la totalité du pain, à ces différens prix, montera, tous frais faits, à 68ˡ 18ˢ; elle auroit été à 69ˡ 7ˢ 8ᵈ, ſi on n'eût pas négligé la fraction de ¼ de denier ou environ qu'exigeoit chacune des 551 livres de pain pour repréſenter l'une dans l'autre, ſur le pied de 2ˢ 6ᵈ ¼ la livre, le prix du blé de 60ˡ 4ˢ, avec celui de 9ˡ 3ˢ 8ᵈ pour les frais de main-d'œuvre.

Si on ſuppoſe au contraire que les plus belles farines ſont employées à compoſer le pain blanc, & qu'on en tire 420 livres fur le pied de 2ſ 9ᵈ chacune , alors le total de leur prix fera de 57ˡ 15ſ ; on aura encore 88 livres de pain de la feconde qualité, qui, fur le pied chacune de 1ſ 11ᵈ, vaudront en total 8ˡ 8ſ 8ᵈ; on aura enfin 43 livres de pain bis, dont le prix total, fur le pied d'un fou 6ᵈ la livre, fera de 3ˡ 4ſ 6ᵈ : & ces trois fommes principales étant réunies formeront celle de 69ˡ 8ſ 2ᵈ, qui repréfentent, à 6 deniers près, le prix des 2 fetiers $\frac{4}{7}$ de froment, & celui de la main-d'œuvre portés plus haut.

Telle eſt la marche qu'il nous paroît qu'on peut fuivre pour régler le prix du pain, fuivant la qualité qu'on jugera à propos d'y attacher, mais en ayant toujours égard, foit au poids de chacun des pains, foit à la forme qu'on leur donnera, puifqu'il eſt conſtant que les pains d'une livre, d'une demi-livre, & fur-tout de 4 onces, perdent beaucoup de leur poids au four, principalement fi on leur donne une forme plate ou alongée; qu'ils exigent des frais extraordinaires, & fortent par-là du prix commun qui fe trouve attaché aux pains de la même qualité, mais d'un poids très-fupérieur: il feroit difficile de préfenter une règle fixe fur ce point particulier; il faut l'abandonner à la prudence des Magiſtrats, & fe borner à leur offrir des bafes générales qui leur deviendront toujours avantageufes dans les circonſtances même où l'efprit de juſtice les forcera de s'en écarter.

I I I.

Il eſt ordinaire à Paris de tirer, par la mouture économique, les trois quarts en farines différentes, d'une quantité de blé déterminée ; on y compte fur un quarantième ou environ de déchet; ce qui reſte de la quantité de blé qu'on a employée, compofe les iſſues, c'eſt-à-dire, le gros & le menu fon : on voit par-là que des 560 livres de froment net & d'une bonne qualité que nous avons prifes pour exemple dans les deux articles précédens, on peut obtenir 420 livres de farine, dont 320 feront de la première qualité, 54 de

la

la feconde, 26 de la troifième, & 20 livres feront les dernières farines bifes; il réfultera 126 livres d'iffues de ces 560 livres de froment, & 14 livres de déchet.

Quoique les déchets de mouture & de bluterie foient moins confidérables dans la mouture à la groffe que dans celle qui eft faite par économie, par la raifon qu'on ne repaffe pas les gruaux dans la première de ces moutures, tandis qu'il eft de principe dans la feconde de faire paffer à plufieurs reprifes ces gruaux fous les meules, cependant le produit en farine eft plus avantageux, plus conftant dans la mouture économique que dans la mouture à la groffe, & la diftinction des farines y eft mieux établie: nous en avons fait l'obfervation dans l'*article premier;* & le tableau de nos expériences, auquel nous prions qu'on ait recours, en offre d'ailleurs les preuves détaillées.

Cette mouture économique plus utile que l'autre, fait des progrès rapides tous les jours; on la voit s'étendre d'une manière fi marquée par le bénéfice qu'elle procure en favorifant le commerce des farines, que nous croyons qu'on peut commencer à la prendre pour bafe générale, tant des produits du blé en farine & des trois qualités de pain qu'il eft affez d'ufage d'en tirer, que de la taxe du pain, puifqu'on ne fauroit affeoir avec équité cette taxe que fur des produits à peu-près conftans, tels qu'on les obtient de la mouture économique, & fur des farines affez bien diftinguées pour que la valeur des différens pains qui en feront compofés, fe trouve toujours proportionnée, autant qu'il eft poffible, à la qualité de ces pains.

Ni le gros ni le menu fon qui compofent les iffues, & qu'on a féparés des farines, ne doivent fervir à faire du pain; outre qu'il n'en pourroit réfulter qu'un aliment qui n'en auroit proprement que le nom, qui feroit mal-fain & indigefte, il ne vaudroit pas fouvent le prix de la main-d'œuvre, & ne deviendroit utile qu'au boulanger qui parviendroit à le débiter.

Il feroit fort difficile de déterminer le déchet qui réfulte de l'opération du crible, du van, & de tout autre moyen

O

de nettoyer les grains, puifque ce déchet dépend de l'état
fi différent quelquefois dans lequel eft le blé avant qu'on
le prépare pour l'expofer en vente. Il n'en eft pas ainfi de
la perte que le blé éprouve au moulin, on peut l'eftimer
comme nous l'avons déterminée avec affez de précifion,
parce qu'il eft d'ufage de ne faire paffer le blé fous les
meules, qu'après qu'il a fubi l'opération du crible ; parce que
dans les moulins montés pour la mouture économique, les
grains ne font verfés dans la trémie, pour paffer fous les
meules, qu'au fortir de ce même crible, lequel pour cet
effet plus prompt, eft placé fort près de l'ouverture qui
communique à cette trémie, & fournit du blé net, à mefure
que celui qui l'a précédé eft converti en farine, & s'introduit dans les bluteaux.

L'avis que le Parlement veut bien demander à l'Académie
fur l'effai fait à Rochefort, & fur le procès-verbal qui en
a été la fuite, en exécution de l'arrêt de la Cour du
17 Juin 1781, cet avis fort, pour ainfi dire, du réfultat
de nos expériences & du précis que nous venons de préfenter. On a employé dans cet effai 1411 livres 4 onces de
blé dont on a tiré 1201 livres 14 onces 4 gros de farines
différentes, par la mouture à la groffe, & 1638 livres
4 onces de pain ; on n'auroit obtenu à Paris de cette même
quantité de blé, par la mouture la plus avantageufe, que
1058 livres 7 onces de farines différentes, & 1389 livres
4 onces ou à peu-près de pain, par une opération de
boulangerie qu'on eût le mieux conduite. Dès-lors on a retiré
à Rochefort 143 livres 7 onces 4 gros de plus en farine,
qu'on n'en auroit eu à Paris, & 249 livres de plus en pain
qu'on n'y en auroit obtenu, il eft vrai que les déchets de
mouture auroient été plus forts à Paris qu'on ne les a
éprouvés à Rochefort, & qu'il a dû fe trouver, dans l'effai
qu'on y a fait, 15 à 16 livres de plus en pain de différentes
qualités, qu'on n'en auroit obtenu à Paris, en fuppofant les
chofes parfaitement égales d'ailleurs ; mais il s'agit, dans
l'effai de Rochefort, d'un excédant en pain de 249 livres,
ou, à la rigueur, de 233 livres qui ont été prifes fur le

menu fon ; qui , à Paris , ne feroient jamais forties des opérations de boulangerie , eût-il fallu faire du pain bis ; & qui n'ont pu produire une augmentation fi confidérable fur le pain obtenu à Rochefort, qu'aux dépens de fa qualité, qu'autant que l'écorce atténuée du grain a paffé confondue avec les farines à travers les foies des bluteaux ; & c'eft fans doute une des caufes de la quantité extraordinaire de pain qu'on a tirée à Rochefort des 1201 livres 14 onces 4 gros de farine dont il eft fait mention dans le procès-verbal.

Qu'on fuppofe pour un moment que les 1411 livres 4 onces de blé employées à Rochefort , euffent rendu auffi à Paris 1201 livres 14 onces 4 gros de farine dans les qualités différentes qu'on y admet , pour convertir la farine en pain ; on n'auroit pu y tirer de cette même quantité de farine que 1577 livres 8 onces de pain tout au plus , c'eft-à-dire 60 livres 12 onces de moins qu'on n'en a obtenu à Rochefort. On fent dès-lors que les farines très-bifes , retenant l'eau avec beaucoup de ténacité , il eft poffible qu'une partie des pains faits à Rochefort, n'ait pas perdu au four tout l'excédant en eau qui auroit dû s'en évaporer , & que cette humidité furabondante dans le pain y ait été une des caufes de la quantité furprenante qu'on en a obtenue dans l'effai de Rochefort.

Il y a long-temps que par une eftimation générale qui approche affez de la vérité , mais fur laquelle le boulanger le plus habile eft prefque toujours en défaut , on regarde la livre de blé comme pouvant donner une livre de pain , déduction faite du fon & des déchets. Il eft aifé de voir fur le champ combien, dans l'expérience faite à Rochefort, le réfultat eft porté au-de-là de cette eftimation fi favorable pour le produit en pain d'une quantité déterminée de blé; on y a obtenu de 1411 livres 4 onces de froment , 1638 livres 4 onces de pain , c'eft-à dire 227 livres de plus que la totalité des grains n'en auroit donné dans la fuppofition avantageufe d'une quantité de pain égale à celle du froment employé.

Si, après avoir remarqué la quantité confidérable de pain

qui eſt réſultée de l'eſſai de Rochefort , on jette les yeux ſur le tarif de cette ville fait en 1703 , & qui avoit eu pour baſe celui de 1700 établi à la Rochelle, on verra au contraire qu'on n'y ſuppoſe qu'un produit de 320 livres de pain, comme tiré de 260 livres de farine , tandis qu'on obtiendroit aujourd'hui 340 livres de pain d'une quantité pareille de farine, ou qu'au moins on s'en écarteroit peu, en veillant à la chaleur du four. Malgré cette différence à laquelle on a vu que nous avons eu égard précédemment, en établiſſant avec raiſon nos calculs ſur le plus fort des produits en pain dont il eſt queſtion ici, nous croyons que ces deux tarifs peuvent être employés utilement, quant au prix de la main-d'œuvre ; qu'il ne s'agira que de répartir ce prix ſur 340 livres de pain, au lieu de 320 livres auxquelles eſt borné dans ces tarifs le produit ſur la quantité de 260 livres de farine qu'on y a déterminée.

Dans le temps où l'on a rédigé ces tarifs ils pouvoient être trop favorables aux boulangers ; on y accordoit 6ˡ pour l'emploi d'une charge de 260 livres de farine de la première ou de la ſeconde qualité, à quelque prix qu'elle ſe trouvât ; c'eſt-à-dire, qu'on donnoit aux boulangers 4 deniers $\frac{1}{2}$ par livre de pain, pour toutes leurs dépenſes de quelque nature qu'elles fuſſent, & pour le bénéfice qu'ils étoient en droit d'attendre de leur travail ; ce prix de main-d'œuvre deſcend à 4ᵈ $\frac{4}{17}$ par la répartition des 6ˡ ſur les 340 livres de pain, & rentre par-là dans les limites ordinaires de ce qui eſt accordé aux boulangers dans pluſieurs Villes, au-delà de la valeur intrinſèque de la livre de pain. On remarque d'ailleurs que ces tarifs préſentent la diſtinction utile des deux baſes dont on a beſoin pour bien taxer le pain, celle du prix intrinſèque, mais variable, mais toujours juſte dans ſes variations, de la livre de pain, & celle du prix fixe, au moins pendant long-temps, des frais de main-d'œuvre qui ſont dûs au boulanger. On obſerve enfin , avec une ſorte de ſurpriſe, que ces tarifs, malgré l'augmentation aſſez conſidérable de la valeur de toutes les denrées, depuis plus de quatre-vingts ans, pourroient être adoptés aujourd'hui, en fuppofant le produit en pain fur 260 livres de farine, plus fort de 20 livres que ces tarifs ne l'ont déterminé; & en faifant defcendre par-là, comme nous l'avons dit, le prix de la main-d'œuvre à $4^d \frac{4}{17}$ par livre de pain, au lieu de $4^d \frac{1}{2}$ auxquels ces mêmes tarifs l'ont fixé.

Mais c'eft aux lumières & à la fageffe du Parlement que doit être réfervée la décifion de ce point important, fur lequel nous ne nous fommes expliqués que par une fuite naturelle de notre travail & de la difcuffion qui l'a occafionné; il doit nous fuffire d'avoir établi par voie d'expériences, fuivant l'intention du Parlement, la première des bafes fur lefquelles il eft néceffaire d'affeoir la taxe du pain; & d'avoir préparé, à tout ce qui concerne la feconde bafe, par des exemples, des calculs rigoureux & des obfervations qui pourront en faciliter l'établiffement.

S'il nous étoit permis cependant de nous expliquer d'une manière plus précife fur le moyen fimple de régler actuel-lement le prix du pain à Rochefort, nous croirions qu'il conviendroit d'employer pour cette Ville le tarif qui a été fait pour la Rochelle en 1700, de l'y établir avec les chan-gemens que nous avons déja propofés, auxquels on ne fauroit fe refufer, en confidérant le produit en pain qu'il eft ordinaire de tirer à Paris d'une quantité déterminée de farine, & qui ne peuvent que tourner à l'avantage du Public, par le prix un peu plus foible de la livre de pain auquel ils conduifent : il réfulteroit de ces changemens fondés fur de juftes raifons, qu'en même temps que le produit en pain, à quantités égales de farine, feroit proportionné à celui qu'obtiennent aujourd'hui les boulangers intelligens, il fe trouveroit plus fort d'un feizième qu'on ne l'a fuppofé dans le tarif de 1700.

Nous jugerions également que le prix de 6^l accordé dans ce tarif pour la converfion en pain de 260 livres de farine, quelle qu'en foit la qualité, devroit être maintenu, puifqu'en fuppofant, d'après l'expérience, qu'il eft poffible de tirer 340 livres de pain de 260 livres de farine, le prix de la main-d'œuvre fixé dans ce tarif à $4^d \frac{1}{2}$ par livre de pain, fe trou-vera réduit à $4^d \frac{4}{17}$ par la répartition des 6^l fur 340 livres de pain, au lieu de 320 livres auxquelles on a borné, en 1700, le produit réel en pain de 260 livres de farine.

C'eſt ſur ce tarif qu'a été rédigé à Rochefort celui de 1703 ; & il ſemble que ce tarif plus ancien, fait ſur de bons principes à pluſieurs égards dans la capitale du pays d'Aunis, ſoit deſtiné en quelque ſorte à ſervir de règle commune dans les villes que ce pays comprend.

Si ce tarif, ou celui de 1703, rapproché ainſi de l'état actuel de la boulangerie, étoit adopté, les diſcuſſions qui ſe font élevées ſouvent ſur le montant réel des frais de main-d'œuvre, n'auroient plus lieu ; un prix fixe à cet égard, ou qui le ſeroit au moins pendant long-temps, ſeroit le repos du Magiſtrat, & tranquilliſeroit le boulanger ; il ne reſteroit d'attention à donner qu'aux prix courans du blé & des farines dont on auroit toujours une connoiſſance exacte par les états qu'il eſt d'uſage d'en tenir dans les halles chaque jour de marché ; & en conſervant avec ſoin les deux baſes de la taxe du pain qu'on auroit une fois poſées, ſauf les variations de la valeur du blé, qui ſont toujours prévues dans les tarifs, on écarteroit les conteſtations, ou au moins on les réduiroit à une ſeule aiſée à terminer, celle qui regarderoit le prix moyen du blé & des farines dans les villes où le tarif ſeroit établi.

Au Louvre, le trois Juillet mil ſept cent quatre-vingt-quatre. *Signé* LE ROY, TILLET & DESMAREST.

Nota. La conteſtation qui a donné lieu aux Expériences dont on vient de rendre compte, & aux conſéquences qu'il a paru juſte d'en tirer, a été terminée le 2 Juillet 1785, par un arrêt du Parlement, qui *entérine le Rapport des Commiſſaires de l'Académie des Sciences, dont il s'agit, & ordonne que le tarif de 1703 ſera ſuivi à l'avenir dans la ville de Rochefort.*

PREMIER TABLEAU.

MOUTURE ÉCONOMIQUE.

	PRODUITS EN FARINES.		TOTAL des Farines données par les deux sortes de Blés.	TOTAL des ISSUES.	TOTAL des DÉCHETS.	RÉCAPITULATIONS.
1.re EXPÉRIENCE sur 6 setiers de Blé de 1781, criblé, & pesant 1452 livres.	Farine de blé de la première qualité............	583.l ″one				Farines... 2110.l ″one
	1.re Farine de gruau.....	286. 8.				Issues.... 646. 8.
	2.e de gruau.........	122. 8.	1096.l ″one			Déchets.. 71. 4.
	3.e..............	57. ″	1096.l			
	4.e..............	47. ″				2827. 12.
	PRODUITS EN ISSUES.					
	Remoulage de gruau....	43. ″				
	Remoulage bis........	94. 8.	324. 8.	......	324.l 8.one	
	Recoupes...........	119. ″				
	Gros son...........	68. ″				
	Déchets........		31. 8.	......	...... 31.l 8.one	
			1452. ″			
2.e EXPÉRIENCE, 6 setiers de Blé de 1782, criblé, & pesant 1375.l 12.one.	Farine de la 1.re qualité..	454. ″				
	Farine de 1.er gruau....	280. ″				
	Farine de 2.e gruau.....	151. 8.	1014. ″	1014.		
	De 3.e.............	64. ″				
	De 4.e.............	64. 8.		2110.		
	PRODUITS EN ISSUES.					
	Remoulage de gruau....	44. ″				
	Remoulage bis........	106. 8.	322. ″	......	322. ″	
	Recoupes...........	65. 8.				
	Gros son...........	106. ″			646. 8.	
TOTAL DU BLÉ. 1452.l ″one. 1375. 12.	Déchets........		39. 12.	......	...... 39. 12.	
2827. 12.			1375. 12.		71. 4.	

DEUXIÈME TABLEAU.

MOUTURE À LA GROSSE.

	PRODUITS EN FARINES.		TOTAL des Farines données par les deux sortes de BLÉS.	TOTAL des ISSUES.	TOTAL des DÉCHETS.	RÉCAPITULATIONS.
3.ᵉ EXPÉRIENCE sur 6 setiers de Blé de 1781, criblé, & pesant 1452 livres.	Farine de la 1.ᵉʳᵉ qualité.	701ˡ 8ᵒⁿᶜ.				Farines... 2068. //
	De la 2.ᵉ qualité...... 136. 8.	1071ˡ //ᵒⁿᶜ.	1071ˡ			Issues.... 721. //
	De la troisième farine bise. 233. //					Déchets.. 38. 12.
	PRODUITS EN ISSUES.					2827. 12.
	Gros son.......... 117. //					
	Recoupes.......... 99. //	364. 8.		364ˡ 8ᵒⁿᶜ		
	Recoupettes........ 148. 8.					
	Déchets........	16. 8.			16ˡ 8ᵒⁿᶜ	
		1452. //				
4.ᵉ EXPÉRIENCE sur 6 setiers de Blé de 1782, criblé, & pesant 1375ˡ 12ᵒⁿᶜ.	Farine de la 1.ᵉʳᵉ qualité. 685. //					
	De la 2.ᵉ qualité, ou bis-blanc.......... 162. //	997. //	997.			
	De la 3.ᵉ qualité, ou farine bise.......... 150. //		2068.			
	PRODUITS EN ISSUES.					
	Gros son.......... 120. 8.					
	Recoupes........... 122. 8.	356. 8.		356. 8.		
	Recoupettes........ 113. 8.			721. //		
	Déchets........	22. 4.			22. 4.	
		1375. 12.			38. 12.	

TOTAL DU BLÉ.
1452ˡ //ᵒⁿᶜ.
1375. 12.
2827. 12.

PRODUITS DIFFÉRENS d'un setier de Blé, d'après ceux qui sont établis dans les Tableaux précédens.

MOUTURE ÉCONOMIQUE.

		liv.	onc.
Un setier de Blé de 1781, pesant 242 livres.	Farines différentes............	182.	$10\frac{2}{3}$
	Issues.....................	54.	$1\frac{2}{3}$
	Déchet...................	5.	4
		242.	*"*
Autre setier de Blé de 1782, pesant 229 livres 4 onces $\frac{2}{3}$.	Farines différentes...........	169.	*"*
	Issues.....................	53.	$10\frac{2}{3}$
	Déchet...................	6	10
		229.	$4\frac{2}{3}$

	liv.	onc.
Blé de 1781.....	242.	*"*
Blé de 1782.....	229.	$4\frac{2}{3}$
Différ. sur le poids du Blé........	12.	$11\frac{1}{3}$
Farines de 1781..	182.	$10\frac{2}{3}$
Farines de 1782..	169.	*"*
Différ. sur le poids des Farines.....	13.	$10\frac{2}{3}$

MOUTURE À LA GROSSE.

		liv.	onc.
Un setier de Blé de 1781, pesant 242 livres.	Farines différentes...........	178.	8
	Issues.....................	60.	12
	Déchet...................	2.	12
		242.	*"*
Autre setier de Blé de 1782, pesant 229 livres 4 onces $\frac{2}{3}$.	Farines différentes...........	166.	$2\frac{2}{3}$
	Issues.....................	59.	$6\frac{2}{3}$
	Déchet...................	3.	$11\frac{1}{3}$
		229.	$4\frac{2}{3}$

	liv.	onc.
Blé de 1781.....	242.	*"*
Blé de 1782.....	229.	$4\frac{2}{3}$
Différ. sur le poids du Blé........	12.	$11\frac{1}{3}$
Farines de 1781..	178.	8
Farines de 1782..	166.	$2\frac{2}{3}$
Différ. sur le poids des Farines.....	12.	$5\frac{1}{3}$

ISSUES.

		liv.	onc.
MOUTURE ÉCONOMIQUE....	Celles du Blé de 1781.............	54.	$1\frac{2}{3}$
	Celles du Blé de 1782.............	53.	$10\frac{2}{3}$
	En plus sur le Blé de 1781............	*"*	$6\frac{2}{3}$
MOUTURE À LA GROSSE....	Celles du Blé de 1781.............	60.	12
	Celles du Blé de 1782.............	59.	$6\frac{2}{3}$
	En plus sur le Blé de 1781............	1.	$5\frac{1}{3}$

DÉCHETS.

		liv.	onc.
MOUTURE ÉCONOMIQUE....	Ceux du Blé de 1781.............	5.	4
	Ceux du Blé de 1782.............	6	10
	En plus sur le Blé de 1782............	1.	6
MOUTURE À LA GROSSE.....	Ceux du Blé de 1781.............	2.	12
	Ceux du Blé de 1782.............	3.	$11\frac{1}{3}$
	En plus sur le Blé de 1782............	*"*	$15\frac{1}{3}$

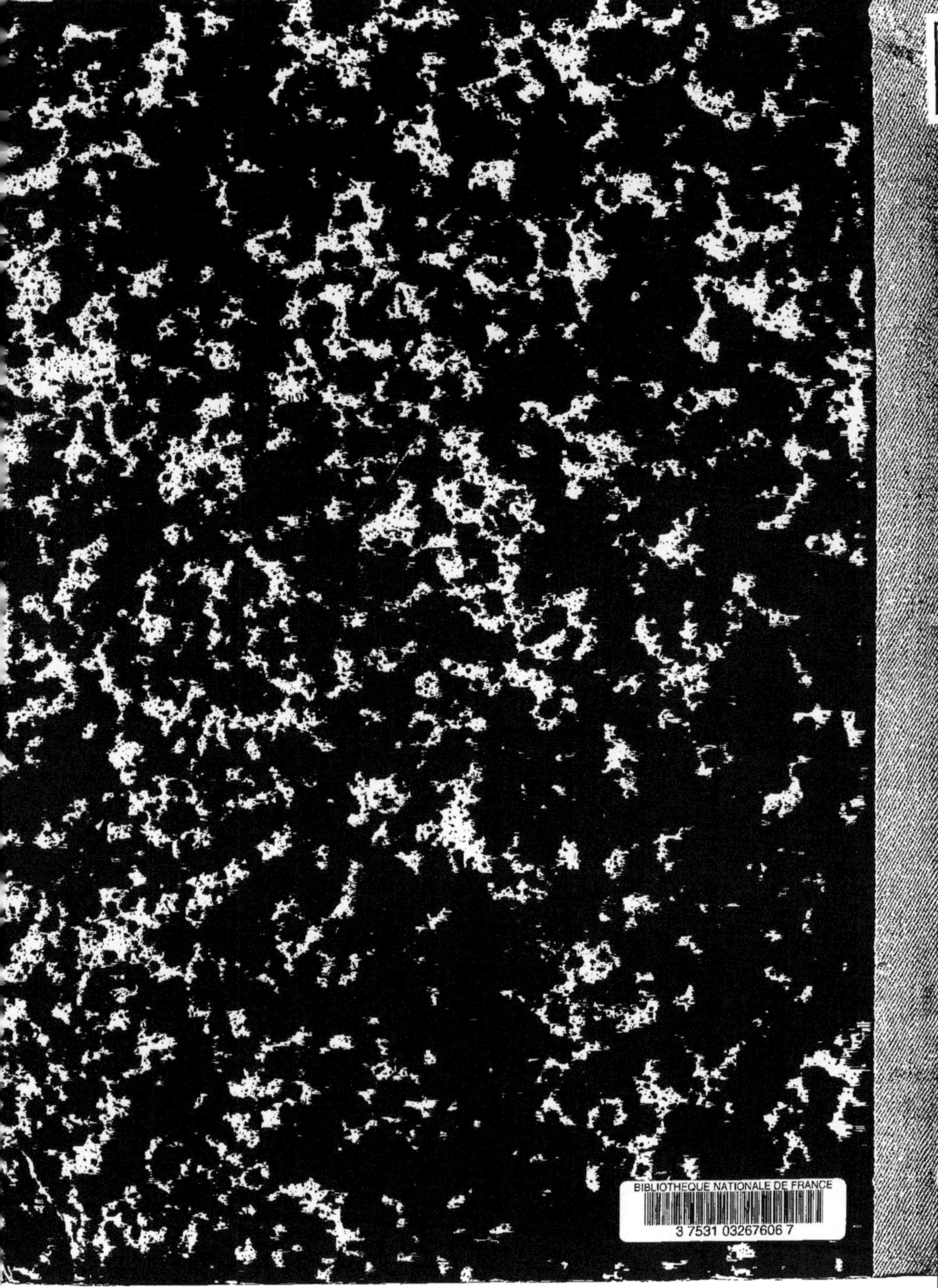
BIBLIOTHEQUE NATIONALE DE FRANCE
3 7531 03267606 7